反戦映画からの声

あの時代に戻らないために

矢野寛治

Yano Kanji

弦書房

目次

カバー・表紙・本扉・本文巻末絵＝矢野り々子
本文イラスト＝矢野想子

はじめに

　時代が少しずつ少しずつ、真綿で首を絞めるように昔返りするのをこの頃感じます。あの辛く悲惨な戦争から七二年が経ちました。二〇一四年一二月一〇日に「特定秘密保護法」が施行されたあたりから、長い戦後は終わり、また戦前が始まった気がします。平和を崩すための外堀が徐々に徐々に埋められていく思いがします。この国の安全保障に関わる情報を秘匿し、国家の不利益となる情報を取材し報道した場合、最高懲役一〇年の罪に問われる。この法律により、国民第一を考える有為の新聞記者やテレビ記者、ジャーナリストたちは、「特ダネ」を得ても報道に躊躇していかざるを得ないでしょう。勇気を出し報道したとして、下手をすれば懲役を覚悟せざるを得なくなってしまいました。また政府内部や官僚たちで、善意の内部告発や、記者諸兄への正義の情報提供を行ったとして、懲役刑を受ける事となります。悪い言葉で云えば、国に歯向かう者として、戦前の「非国民」といった言葉が被せられるかもしれません。木鐸の記者魂、気鋭のジャーナリスト魂がシュリンクされていくのではないかと危惧します。これは運用次第では、憲法で保障されている報道の自由、言論の自由、表現の自由を妨害し、タガを嵌める法律となる可能性を強く秘めています。とくに国民の「知る権利」を著しく阻害する法律で、民益より、国益を大事としているように思えます。

　この法律が作られたのは「集団的自衛権」と一衣帯水です。集団的自衛権は主にアメリカとの共同自衛権となり、国家安全保障上、米軍との連携強化により、軍事上の秘密が多量に発生して来ると思います。それらの秘密が暴露流布せぬようにと、作られたとみるのが正当でしょう。確かに「拡張解釈の禁止ならびに基本的人権および報道・取材の自由の尊重」は謳われていますが、時が行き、政府政権も変われば法律は勝手に一人歩きを始めましょう。煎じ詰めていけば、この法律は戦争を始めやすくするための第一歩とも云えなくはありません。

二〇一五年三月には、「文官統制」を撤廃し、防衛省制服組が背広組と対等となりました。制服組が直に防衛大臣を補佐する。防衛省内局の「自衛隊運用企画局」を廃止し、「統合幕僚監部」に一元化した。シビリアン・コントロールの一角が崩れたと云っていいでしょう。同年八月安保法制は国会を通過。同年九月、大分県別府署の連合大分事務所への隠しカメラが露見しました。戦前の特高警察を彷彿させます。同年六月には「国立大改革」として、入学式での「日の丸掲揚と君が代斉唱」を要請。同一〇月には「人文社会科学系」の学部を見なおすことが通知されました。国立大に対する国の関与が強まったと云っていいでしょう。大学の自治、自主性の尊重、学問の自由が損なわれようとしています。二〇一六年三月、安保法制「集団的自衛権」「駆け付け警護」は施行され、自衛だけでなく戦争ができる国となってしまいました。二〇一七年六月、強引な手法で共謀罪が名を変えた「テロ等準備罪」が衆参両院で国会を通過しました。

権力は先ずマスコミを抑え、大学の自治を抑え、リベラル知識人を抑え、にこやかな顔をして、ゆくゆくどうにでも拡大解釈でき得る法律を創り上げていきます。大正一四年に「治安維持法」が制定されました。歴史は繰り返すのか、当時と非常に状況が似てきています。満洲事変、日中戦争、太平洋戦争に突入する前の状況にです。ぼやぼやしていると、また再び泥濘の道に嵌ってしまうかもしれない。歴史を繰り返させないためにも、過去の反戦映画をしっかり見詰め、学び、道を間違えないようにしなくてはなりません。

ここに挙げた四二本の映画は戦争の無惨さ、悲惨さ、常に底辺の弱い者たちが主に損をするのだと云う事を、先人の映画人たちが命掛けで真実如実に創り上げています。戦争は誰が起こすのか、誰が煽るのか、誰が得をするのか、結果、誰にもいいことはないのです。映画を通して、戦争と平和、国と個人、権力と草莽に思いを馳せて、平和を守る覚悟を新たなものにして頂ければと切に願い筆を執りました。

Ⅰ

戦争の記憶を呼びもどす反戦映画

＊本書掲載の42本の映画はすべてＤＶＤにて視聴可

1　思想弾圧の恐怖を伝える

武器なき斗い

〔原作〕西口克己
〔監督〕山本薩夫　〔製作〕「山宣」映画化実行員会、一九六〇年
〔出演〕下元勉、渡辺美佐子、小沢昭一、小沢栄太郎、東野英治郎、宇野重吉

戦争は突然やって来ない。国家が法を整え強権の度を増す、その積み重ねの先で起きる。流れがうねりとなるともう引き返せない。第二次世界大戦の教訓だ。そのうねりに一人抗った男がいる。山本宣治こと「山宣」だ。山宣は、マルクス主義でもなんでもない、あくまで同志社大学の生物学者だった。国が兵の確保のためか「産めよ増やせよ」の号令をかけた。その号令を尻目に、貧しい労働者や小作人や大衆に産児制限を説いて回った。なぜ産児制限を説くのか、それは貧しい家にかぎって子沢山で、子沢山がまた貧しさを呼び、子供たちは飢え、栄養失調となり、教育も受けられない。教育を受けてないから、また良い仕事に就けず、社会の最底辺に沈む。貧しさの悪循環を断つには、経済と産児制限だと考えた人だ。共産主義者でもマ

ルキストでも、アナーキストでもない。ただひたすら社会の底辺の人々に惻隠の情があった。映画では、下元勉が山宣に扮し、内助の妻を渡辺美佐子が演じた。

大正一二年（一九二三）の関東大震災のどさくさに、国は亀戸事件で多くの社会主義者、無産運動家を殺害し、無政府主義の大杉栄・伊藤野枝等を虐殺することで、思想弾圧が始まった。大正一四年（一九二五）五月、普通選挙法が公布される。ところが国はロシア革命の波及を恐れ、無産階級運動、社会主義運動を抑え、その代表者たちを議員に当選させまいと、治安維持法を同年四月に先に公布した。特別高等警察、特高の跳梁跋扈が始まる。マルクス主義の京都大学大河上肇教授宅、同志社大学河野蜜教授宅、関西学院大学河上丈太郎教授宅の家宅捜索がなされた。国は大学の運営自治および思想の自由、学問の自由に介入し始めた。

山本宣治は考えた。「なぜマルクス主義を勉強し、労働運動に参加するだけで、逮捕されるのでしょうか」「ここで斗かわなければ大学の自由はなし崩しにされる」。この時ただ単なる産児制限の性科学者だった山宣は大学と労働者と小作人を守る社会科学者として脱皮をした。

当時の小作料は地主に収獲の六割五分、小作がもらえるのは三割強。収獲が悪ければ、すぐに田は取り上げられた。取り上げられた小作は食べていく術がなく、一家で首を吊った。痛ましい話である。山宣は一家心中を無くし、多くの子供たちが餓死しないため、幼い娘が身売りをさせられないためには、低賃金と小作料の改善こそが第一義と考え行動を始めた。財閥VS労働組合、地主VS小作人同盟で闘うも、国や警察は弱い者の味方をしなかった。地主たちはヤクザを雇い、運動潰しを謀っていった。ストを打てば、警察は「騒擾罪」で労働者や小作人のリーダーを逮捕した。昭和二年、田中義一内閣は中国山東省に出兵し、遼東半島を日本が支配する。昭和三年、初の普通選挙が始まる。同年、満州で張作霖を爆殺。国は国会にアカが出そろっては困るので、いっそう治安維持法を強化し社会主義者を徹底的に逮捕していく。暗黒の弾圧である。

山宣は立候補する。公約は四つ、①大衆に仕事と職を②小作人に土地を③税は資本家と地主から④国民に政治的自由を、であった。山宣は艱難辛苦の末に当選する。国会の赤ジュータンを踏む。全国で無産政党系は八人当選した。三週間後の三月一五日、国は全国一斉に共産主義者ら約一六〇〇人を検挙した。山宣は斗う。昭和四年の第五六回帝国議会において、最高刑が死刑にまで強化された治安維持法に反対する。「三・一五」弾圧と容疑者への拷問を厳しく追及する。警察内での若い主義者たちへの酷いリンチを暴いていく。権力は彼を煙たがり、昭和四年、右翼の若者（映画では南原宏治）を雇い、東京は神田の旅館で刺殺される。

山宣へのテロの後、日本は一気に戦争へと加速した。翌昭和五年、軍は天皇の統帥権に対する輔弼（進言）権を有すると独断の法解釈をする。昭和六年、関東軍の謀略である柳条湖事件にて満州事変が起きる。昭和七年には、五・一五事件、昭和一一年には二・二六事件、昭和一二年に日中戦争が始まる。これが昭和一六年の太平洋戦争へと繋がり、日本は破滅の道へと落ちていった。

山宣は刺殺される前日、こう演説した。「山宣独り孤塁を守る！　だが私は淋しくない、背後には多くの大衆が支持しているからだ」。山宣は主義者ではない、ただ貧しい人たちの味方であった。国が法を制定し強化し、主に「思想、大学、マスコミ」への弾圧を始めた時、戦争への道はまた始まっているのである。

日本戦歿学生の手記　きけ、わだつみの声

［原作］「きけわだつみの声」より
［監督］関川秀雄［製作］東映、一九五〇年
［出演］河野秋武、信欣三、原保美、伊豆肇

いつから戦争への道に進んだのか。

あの時だったのか、あの時、もっともっと皆で手を組み、しっかり反対をしなくてはいけなかった。「さあ、今から戦争をしますよ」、と云うことはない。その前に、すでに戦争の道に足を踏み入れているのである。一人一人が余程しっかりと目を見開き、定められていく法律の裏側を読み取り、後の拡大解釈を想像し、注意していなければ、またいつか来た道へ舞い戻る事となる。

この映画はそのことをひしひしと教えてくれる。昭和二四年（一九四九）に出版された、日本全国の戦歿学徒兵の遺稿集「きけ　わだつみのこえ」が原作原案となっている。後援は、「日本戦歿学生記念会、東京大学消費生活協同組合、映画サークル東大支部、全日本学生自治会総連合」となっている。

主演は群像にて、東大自治会長で「アカ」のレッテルを貼られている河西一等兵役に河野秋武、東大文学部仏文助教授から補充兵で出征した大木二等兵役の信欣三、仏文ゼミの学生から出征した牧学徒予備将校役に沼田曜一、京大出身の学徒兵青地軍曹役に伊豆肇、学徒兵を憎み「気合を入れる」と云う言葉の元に、徹

底的に痛めつける職業軍人岸野中尉役に原保美と云う陣容である。ビルマ戦線における学徒兵の痛ましい最期を描いている。

昭和一八年一〇月二一日、小雨烟る神宮外苑競技場にて、徴兵を猶予されていた二〇歳以上の文系、一部理系学生の壮行会が開催された。東条英機が「御国の若人たる諸君が、勇躍学窓より征途に就き、祖先の遺風を昂揚し、仇なす敵を撃滅して」云々と䭸《はなむけ》の演説をしている。

東大自治会は、「対支（シナ）出兵に絶対反対」「学問の自由を守れ」「軍事教練をボイコットせよ」を掲げていた。軍と特高警察は自治会を切り崩し、指導者を逮捕拘束し、あらゆる手を使って「転向」させ、最前線へと送り出した。

大木二等兵「こんなところで死ぬ命なら、なんであの時……命をかけなかったんでしょう……戦争が起こらないうちに……何とかできなかったんでしょうか……」

河西一等兵「……」

大木二等兵「あの時、もっと抵抗していたら……」

河西一等兵「しかし、そういう抵抗は皆で一緒にやらなくては、結局は無意味でしたよ、この自分がいい見本です……。若い純粋な気持ちで学生自治会運動をやったんですが、権力には結局、ひとたまりもなかったですよ、あの時、舌でも噛みきって死んでしまえばよかった。何の恨みもない人間と殺し合って……」

映画中盤の、この大木二等兵と河西一等兵のやりとりが、この映画の最大のメッセージだと思う。戦争は羊の皮を被って徐々にやって来る。昭和一〇年、陸軍は東大美濃部達吉教授の「天皇機関説」に真っ向から反対し、自由主義、個人主義教育を廃絶し、言論を圧迫し、日本を全体主義へと引き込んでいった。昭和一四年、内務省と軍部の圧力により、東大の学問の自由自治はますます阻害され、河合栄治郎（自由主義経済学者）教授や、助手の木村健康は大学を去った。いわゆる、「平賀粛学」事件である。「あの時」とは、「この時」だったかもしれない。

現代社会も似ていないだろうか。「特定秘密保護法」「集団的自衛権の行使」「自衛隊文官統制の弱体化」「後方支援の拡大」「武器使用基準の拡大」「駆けつけ警護」「テロ等準備罪」など、もろもろに曖昧さを含みながら、この映画の時代に後退しているように思える。杞憂ならよいが。

わが青春に悔なし

［原作・脚本］久板栄二郎
［監督］黒澤明［製作］東宝、一九四六年
［出演］原節子、藤田進、大河内傳次郎、杉村春子、河野秋武

この映画は昭和八年（一九三三）の京都大学滝川教授事件と、昭和一六年の尾崎秀実スパイ事件をもとに構想が練られている。

滝川事件は、文部省が京都帝国大学法学部の滝川幸辰教授の自由主義的学説を問題視し大学を辞めさせようとしたもので、それに対して学問の自由と大学自治を唱える教授や学生たちが抗議し抵抗した。どんな時代だったのか。

昭和四年（一九二九）、ニューヨーク株式大暴落で世界恐慌が起こる。国債、公社債、株式の行き過ぎた投機のツケが回った。今の日本と米国にもその恐れはある。

昭和五年（一九三〇）、軍部が大日本帝国憲法第一一条「天皇は陸海軍を統帥す」の条項を拡大解釈し、「天皇輔弼の責任」を含んでいるとして統帥権を軍の持つ権限と云い始めた。軍は昭和六年、謀略の柳条湖事件を仕掛けて満州事変を起こす。昭和七年、上海事件、満州国建国。滝川事件が起きたのは、満州国建国の翌年のこと。文部省は京大の赤化を憂慮し、滝川教授を青年の思想の悪の火元とした。昭和一二年、日中戦争に突入、そして太平洋戦争へと、破滅の道を辿っていく。

映画では、滝川幸辰教授役に大河内傳次郎、役名は八木原教授。主役原節子は八木原の娘幸枝役である。幸枝を慕う、大河内の教え子の京大生野毛隆吉に藤田進、糸川に河野秋武が扮している。

八木原教授の家に、七人の学生が集まる。その中の二人、野毛と糸川は教授の娘幸枝に好意を持っている。皆で吉田山に登り、京大の三高寮歌「逍遥の歌」（紅萌ゆる岡の花　早みどり匂う岸の色）を唄う。滝川の理論は「マルキシズムに根拠を置く学説」とされ、大学を追われる。野毛は大学紛争を起こし、逮捕される。糸川は親の期待を裏切れず体制側の検事となる。友二人は正反対の道へ行く事となった。幸枝は野毛を東京に追いかけ、内縁の妻となる。

昭和九年、「治安維持法」は改変され、共産党の外郭団体に加入している者、それらのシンパさえもを逮捕でき、判事の令状を待たず検事判断で拘引勾留できるようになる。特高警察は無党派知識人や自由主義者まで幅広く取り締まった。昭和一一年、天皇親政を願う「皇道派」青年将校たちにより二・二六事件が起こる。結果、反乱将校とされ死刑。ここに統帥権の大権を振るう「統帥派」の天下となり、軍部の跳梁跋扈が始まった。

野毛は特高にスパイ容疑で逮捕され監獄内で死亡する。小林多喜二のごとき拷問死である。妻である幸枝も長く勾留されたが夫の死で釈放される。幸枝は夫の故郷に赴く。夫の家は「スパイの家」、非国民と疎外され、村八分に合っていた。昼は外を出歩けず、日が落ちてから暗闇での田んぼ作業を息を殺して義母（杉村春子）が行っていた。父は息子のことで呆けていた。村人の白眼視の中、幸枝は義母を助け、奥歯を噛みしめて慣れぬ農業に精出す。田植えの時期、女二人で田植えを終えるも、翌朝にはすべて引き抜かれ荒らされ、田には石や棒切れが投げ込まれていた。それでも幸枝は負けずに再び田植えを行う。

終戦、幸枝はこれまで白眼視していた人々から、今度は農業文化運動の指導者と慕われていく。

安倍内閣は（二〇一六年当時）、憲法九条を拡大解釈し、歴代内閣が戦後一貫して禁じてきた集団的自衛権の行使に道を開いた。防衛省は制服組自衛官を防衛官僚と同格に格上げし、戦端を開く際、短兵急を要する判断は制服組だけで行えるよう「文官統制」を事実上廃止した。国の情報統制の懸念をはらむ特定秘密保護法は強行採決され、すでに施行された。いつか来た道へと足を踏み誤ってはいないだろうか。

黒澤監督はファッショや全体主義に簡単に尻尾を巻いていく大衆の姿をも描いた。しっかり眼を開いて世の動きを見つめておかなければならない。ウカウカしていると、時代なんてあっという間に変わる。いつも平和と自由と云う信念だけは持ち続け、「顧みて悔いのない人生」をと、黒澤はメッセージしている。

2　戦中の狂気を伝える

陸軍

〔原作〕火野葦平
〔監督〕木下恵介〔製作〕松竹、一九四四年
〔出演〕田中絹代、笠智衆、東野英治郎、星野和正

戦時中にも、国民の真意を汲みとった映画があった。

陸軍省情報局企画、陸軍省後援映画「陸軍」である。これは、昭和一九年（一九四四）一二月に公開されている。原作は火野葦平（福岡県若松の人）、昭和一八年五月から昭和一九年四月まで、朝日新聞に連載されたものである。これを基に新進気鋭の木下恵介が監督をした。

サイパン、テニアン、グアムを獲られ、本土空襲が激しくなった。陸軍もまた国民の士気を鼓舞するために、この「陸軍」を企画したのである。内容は水戸の徳川光圀の「大日本史」や、北畠親房の「神皇正統記」を隠し味に入れ、ある一家の歩みを、鳥羽伏見の戦いからの長州軍の働きを中心に据えて、日清・日露

戦争を経て満州事変までの国情を描いている。主に長州と云うのは、陸軍省の映画であり、日本陸軍の基を創ったのは長州の山県有朋であるからだ。舞台は福岡博多、父親に笠智衆、母親に田中絹代である。博多を主なる舞台にしたのは、蒙古大襲来以来の神州日本、今に再び「神風」は吹くの狙いを込めている。国民に安心感を与えようとした映画である。

笠は日露戦争で負傷した陸軍士官学校出の在郷軍人である。七三年前の福岡ロケであり、当時の町並みがふんだんに写る。二番山笠「中東流」、土居通り、中洲西大橋、蓮のお濠端、チンチン電車、福岡歩兵二四連隊の舞鶴練兵場（平和台）、東公園亀山上皇像、日蓮像、両像は一九〇四年、日露戦争勃発時に建立されている。筥崎宮の「敵国降伏」の亀山上皇宸筆の額も大写しになる。軍歌の名曲「元寇」も、多多良浜辺の蝦夷／そは何蒙古勢／いつしか雲はれて／玄界灘月清し、と挿入される。

息子・伸太郎（星野和正）が福岡二四連隊に入る。入隊の夜、父・笠は嬉しさのあまりに筑前今様の「黒田節」を唄う。

皇御国（すめらみくに）の武士（もののふ）は（略）君と親とに尽くすべし♪

妻（田中）が言う、「天子様に、ひとまずお返しできて、まずまずですなぁ」と。

この時代、男児はすべて天子様の赤子、御預りものだった。ここまでは木下も陸軍の要求通りに作っている。

いよいよ伸太郎も上等兵となり、大陸へ出征である。明治通りを二四連隊行進の軍靴の音が聞こえてくる。「わしゃ、なんて直ぐ泣きますけん、鼻の頭が真っ赤になって、みっともなかけん」、見送りには行かんと言う。だんだん行進の音が近づいて来る。母の表情の中に、「天子様にお返ししたもの」、「いや、私の子」

の葛藤が渦巻き始める。行進喇叭の音が近くなる。母は矢も盾もたまらず往来に走り出る。弁天橋を渡り、須崎の土手を左に走る。旧税務署を右に日本生命九州支店（現・赤レンガ館）の前から、西中島橋を渡り、中島町を抜け、下川端から明治通りに出る。往来の左右は歓呼の大群衆で一杯である。母は群衆の中を、こけつまろびつしながら愛息・伸太郎を捜す。やっと、見つける。目を合わせる。伸太郎は莞爾とほほ笑む。母は何度も見つめ、一人、うなずく。

「伸太郎は天子様の子ではない、私の子だ」とその目は言っている。最後、呉服町の角で、二四連隊は祇園の博多駅方向へ右折する。母は我が子の背中を必死に拝む。どうか死なないでと云っているようである。

木下はこの映画の最後一〇分に、母の愛をもって、反戦の意を込めた。

真空地帯

［原作］野間宏
［監督］山本薩夫［製作］新星映画、一九五二年
［出演］木村功、下元勉、加藤嘉、三島雅夫、金子信雄、岡田英次

職業軍人とは違って、一般の人は二〇歳になると徴兵検査を受ける。検査には甲種合格、乙種合格、丙種合格、丁種合格と種別される。甲種は健康な肉体の持ち主と云うことで胸を張れる。が、即時入隊である。乙種には第一乙種と第二乙種とがあり、戦局に応じて兵役につかされる。丙種、丁種は即日帰郷である。帰

郷させられても、歳がいってからの臨時招集が待っている。昭和一九年からは、四〇歳前後の召集兵もおり、その歳で新兵教育を受けるのだから、それは無惨なものだった。

この映画は新兵教育の非人間性と、下士官や将校たちの皇軍費私物流用を描いている。まず新兵教育、娑婆っ気をすべて抜くためのリンチ暴力教育である。娑婆っ気とは、地方での社会的地位、家柄、学歴、すべてここでは無用である。なまじ家柄が良かったり、学歴が高いほど苛められる。些細なことに難癖をつけ、ビンタ、ビンタ、スリッパビンタ、往復ビンタ、拳骨となる。すべて連帯責任だから、自分だけ上手くやっても、同班の同年兵が失敗すれば一緒に制裁に合う。上官殿の下穿き猿股を洗い、靴を磨く。すべての支給品は陛下からの頂きものであるから、盗まれれば盗み返す、とにかく常に「員数合せ」をしておかなければならない。男所帯で娯楽が無いから、夜は新兵に「蝉」や「鶯の谷渡り」「自転車漕ぎ」ほか屈辱的な芸をさせる。「士官、商売。下士官、道楽。兵隊ばかりが国の為」である。

大阪歩兵三七聯隊経理室の将校同士の諍いの生贄となった木谷一等兵（木村功）、暗黒の地獄陸軍刑務所に二年収監されていた。仮出獄で原隊に復帰する。一等兵とはいえ四年兵であるから、上等兵より上の兵長格である。軍隊は星の数より飯の数であるから、三年兵の上等兵も木谷には手を出せない。木谷は経理室に勤務しており、炊事軍曹と結託した経理将校たちの食糧、物品購入の水増し請求や賄賂のことを知っていた。それを軍事法廷で喋ろうとしたことで、たかだか落ちていた財布から金を抜き取っただけで、二年四ヵ月の実刑を蒙った。普通ならば説諭で終わるところである。経理将校をやれば、「妾五人に家が建つ」と陰で揶揄されていた。すでに日本軍は将校たちの士気は低下し、己の利益だけに汲々としていた。炊事軍曹（金子信雄）は木谷が出てきたことで表面上優しくするが、いろいろ知悉している男を南方前線に出そうと画策する。木谷は仮出所の身であり、まだ前線には出せないのだが、軍曹は人選の准尉を籠絡し、名簿に木谷の名を入れさせる。木谷は結婚の約束をした娼妓花枝に会いたくて脱走を試みるも失敗する。最後は戦地行の船倉の底で、花枝を思いながら、「可愛いスーチャン」を呆けたように唄っている。

最終シーンの字幕をご紹介したい。

「兵営ハ條文ト柵ニ　トリマカレタ　一丁四方ノ空間ニシテ　人間ハ　コノナカニアッテ　人間ノ要素ヲ取リ去ラレ　兵隊ニナル　野間宏」

軍隊とは息も絶え絶えの真空地帯であり、兵隊はその中で、自らの尊厳も誇りも、人間性の全てを抜き取られ、一個の真空管と成されていく。

一番美しく

［原作・脚本］黒澤明
［監督］黒澤明［製作］東宝、一九四四年
［出演］矢口陽子、志村喬、菅井一郎、入江たか子

これは銃後で頑張る女子挺身隊を描いたものである。非常時増産のための「情報局選定国民映画」となっている。黒澤明は木下恵介ほど反戦の思いは入れていないが、情報局の御意にあえて合わせることで、国はいざとなると銃後の若く幼い女性にまでここまでのことを強いるのだと云う、婉曲型の抵抗映画となってい

る。昭和一七年（一九四二）ミッドウェーで、日本は空母四隻と多数の搭乗員、航空機を失い、米国に大敗を喫した。以後は負け戦の連続となる。昭和一八年二月にはガダルカナル玉砕、六月にはアッツ島玉砕、同月山本五十六連合艦隊司令長官はブーゲンビル島上空にて米戦闘機より撃墜された。

同じ六月、東條英機内閣は「学徒戦時動員体制確立要綱」を閣議決定。翌一九年三月には「決戦非常時措置ニ基ク学徒動員実施要綱」にて、学徒（旧制中学、高校などの一四歳以上）全員の工場配置が決まった。高校は二年まで、中学校は四年までと学制も短縮。戦争は伸びる若者たちに学問さえもさせないのである。一方で、一四歳以上の女性は「女子勤労動員ノ促進ニ関スル件」（昭和一八年九月）にて徴用される事となり、昭和一九年八月「女子挺身隊勤労令」が公布された。

映画は平塚（神奈川県）が舞台となっているが、実際は日本光学戸塚工場を借りて撮影されている。女子挺身隊のリーダー渡辺ツル役は矢口陽子、後に黒澤監督の妻となる女優である。寮から毎朝渡辺隊は博多が舞台の軍歌、「四百余洲を挙（こぞ）る　十万余騎の敵　国難ここに見る　弘安四年夏の頃」と勇ましく「元寇」を皆で唄いながら工場へ向かう。

工場の貼り紙に「山本元帥につづけ」、「人格の向上なくして、生産力の向上なし」、「軍神につづけ」等が大書してある。女子は男子の半分の生産量で許されていたが、ある日あと五割の増産が要求される。渡辺リーダーは女子とて男子に負けずお国のお役に立ちたいと、あえて三分の二の増産を約束する。工場は休む暇もない、突貫に次ぐ突貫作業である。かつ寮の規律も厳しい上に食糧事情も悪い。弾は飛んでこないが内地も「イクサ場」である。病いで落後していく娘、事故で骨折入院していく娘等と、徐々に労働力が減っていく。それでもツルは率先垂範し、自ら友の分まで背負いこみ深夜まで頑張る。

黒澤監督はまるで本当の工場の女子挺身隊を撮影しているかのように、女優たちを訓練しなりきらせ、ドキュメンタリー映画のように撮っている。カット割り、構図、つなぎも丁寧で美しい。とても監督昇進第二作目とは思えない巨匠の貫禄がある。

皆、増産にくたびれ、逆に数字が落ち始める。渡辺を中心に皆で慰め励まし、叱咤激励し合う。皆で友を思いやり、父母や故郷の事を思いながら、増産に取り組む。ある日、渡辺の母危篤の報が入る。石田五郎(志村喬)ほか先生方は故郷へ戻れと云うが、渡辺は、「どんなことでも、一身上の事で公務を休んではいけないと母に云われています」と、職場を離れない。女子挺身隊にも男子と同様に深夜業が課されていった。渡辺は皆が寮に戻っても、一人工場に残り、母の事を思い案じながら、レンズの歪みの修正に取り組む。「元寇」を唄いながら。

黒澤監督は情報局に協力しているが、事実を丹念に真っ直ぐに描くことで、戦時下の営みの愚かさを如実に伝えている。

戦争と青春

［原作］早乙女勝元
［監督］今井正［製作］松竹、一九九一年
［出演］工藤夕貴、井川比佐志、奈良岡朋子、樹木希林、河原崎長一郎東京大空襲のお話である。

東京初空襲は昭和一七年（一九四二年）四月一八日正午過ぎ、突如敵機が来襲した。荒川、王子、小石川、牛込界隈をナパーム焼夷弾が襲った。これは空母「ホーネット」艦上からの、B25ドーリットル攻撃隊だった。昭和一九年六月一五日マリアナ・パラオの戦いで日本軍は惨敗。日本を空襲されないための「絶対国防圏」の一角は崩された。同年七月九日サイパン島玉砕、八月一日テニアン島玉砕、八月一〇日グァム島玉砕。この三島に米軍は直ぐに飛行場を建設。これらの飛行場から、B29が東京を含む日本全土を空襲できるようになった。一一月より、東京空襲が始まる。江戸川、荏原、品川、杉並、保谷、小金井、東久留米、東京港などが襲われる。当初はまだ軍関係施設や設備、工場が狙われたが、昭和二〇年米軍司令官ルメイにより、一般民衆をも狙う「無差別攻撃」が始まった。

この映画は、『東京大空襲—昭和二〇年三月十日の記録』を著した早乙女勝元の原作を基とし、早乙女自らが脚本を担当している。映画の中では河原崎長一郎が早乙女を演じている。現代と空襲当時を往ったり来たりしながら映画は進む。夏休みの宿題として、小野木先生（希木樹林）が生徒たちにお父さんやお母さん、祖父母たちに戦争の事を聞いて、「追体験」を書かせる。花房ゆかり（工藤夕貴）は、いつも一本の焼け爛れた電信柱の前に座っている伯母の奈良岡朋子が気になって仕方がない。伯母の弟である、父の花房勇太（井川比佐志）に尋ねても何も教えてくれない。

工藤はいろいろなことを調べ上げていく。当時、門柱に「非国民」のレッテルと、逆に「名誉の家」のレッテルが貼られたいたことも知る。戦前の露骨な国民差別をも描いている。早乙女（河原崎）先生が三月一〇日の東京大空襲の凄さを説明する。

昭和二〇年三月九日、米軍マリアナ基地から約三二五機のB29が飛び立った。深夜東京上空に達し、三月一〇日の〇時〇七分より爆撃を開始。人口密度が高い深川、本所、浅草、神田、下谷、荒川、日本橋、荏原ほかの下町を、クラスター焼夷弾で無差別絨毯爆撃を行った。死者推定約一〇万人、負傷者約一一万人、被災者一〇〇万人強、被災家屋約二七万戸、ハーグ条約違反の世界史上最大の血も涙もない鉄と火の雨が降り注いだ。米軍は延焼効果の強い風の強い日を選んでいた。及び日本の陸軍記念日にこの蛮行を行った。焼夷弾三五万発前後、約一七八三トンが落とされ、隅田川一帯は焦熱地獄となり、炭化した黒焦げの死体で埋まった。映画には記録フィルムが多く挿入されている。親たちは子に覆い被り息絶え、多くの孤児たちが生まれた。どんなに大義名分を云おうが、聖戦と云おうが、戦争は酷い。そしていつも、女性と子供と赤児と老人たちから死んでいく。伯母さんはこの電柱の所で、「ケイコ」という女児を見失った。以来、伯母さんは死ぬが死ぬまで毎日この電柱の傍に来て、「ケイコ」を想いだしていた。

もう当時の事を知っているのはこの電柱だけしかないとすれば、生きている人間たちで伝承していかねばならない。

全国の空襲被害者らが近年、国に補償や支援を求め始めた。戦後七〇年が過ぎても、被災者には空襲の惨禍が今も強く残っている。無辜の民の大量殺戮、町は甦っても、忘れずに云い続けて行かなくてはならない。

ひめゆりの塔

〔原作・脚本〕水木洋子
〔監督〕今井正〔製作〕東映、一九五三年
〔出演〕香川京子、津島恵子、岡田英次、信欣三

「ひめゆり学徒隊」の体験者講話が昨年（二〇一六）三月で終わった。そう、あれからもう七二年の月日が流れたのだ。

一九四四年一二月、沖縄県で軍が中心となり、「女子学徒隊」が編成された。沖縄県立第一高女と、沖縄師範女子部の教諭と生徒たちで構成された、通称「ひめゆり部隊」。この部隊は軍の指揮下に入るのだが、正式には文部大臣の命令だった。ひめゆりの命名の語源は、高女の広報誌が「乙姫」、師範の広報誌が「白百合」、二つの名前を合わせて名付けられたのである。

昭和二〇年（一九四五）三月二三日、両校女子生徒二二二人、引率教諭一八名の計二四〇名は南風原（はえ

ばる）の沖縄陸軍病院に看護要員として動員された。同月二五日〜二九日の五日間の米軍の猛攻撃は沖縄本島の山容まで変えたと云う。のべ二〇〇〇機の戦闘機・爆撃機が飛来し、いわゆる「鉄の雨」と例えられるほどの大空襲であった。

四月一日には米軍戦艦一〇隻、巡洋艦九隻、駆逐艦二三隻、砲艦一七七隻からの艦砲射撃で、さらに「鉄の暴風雨」という惨状をきたした。

「ひめゆり隊」は白鉢巻、セーラー服の上衣にモンペ、大きなリュックを背負い、胸に百合と桜の徽章を付けていた。引率の教諭役に津島恵子、岡田英次、河野秋武、平良松四郎先生役に信欣三が扮している。女子高生には香川京子、岩崎加根子、小田切みき、渡辺美佐子らが扮する。三月二九日、壕の中、空襲警報の音が「カチカチカチカチ」とか細く鳴る。電気が消える。女生徒たちは勇気を奮い立たせようと、♪丘にはためくあの日の丸を　仰ぎ眺める我らの瞳、と声を限りに「勝利の日まで」を唄う。

四月二九日、すでに一か月の米軍の猛攻に耐えている。四〇からなる各壕の中は負傷兵で溢れている。病床は二段の蚕棚のようなものである。壕に入れぬ負傷兵も外で沢山呻いており、一人死ねば「おい、空いたぞ、入れるぞ」と云う哀しい地獄である。血と膿と、糞尿と汗の臭い、蛆の傷口を食む音がする。小水をこぼす者、手足の無い者、腐れていく傷口の痛みに泣いている者、七〇センチ幅ほどの通路にまで、まさに足の踏み場もないほど負傷兵で埋まっている。ひめゆりの娘さんたちは、明るく健気にこの暑い異臭の壕内でキビキビと働く。

五月末、米軍は首里を占領、日本軍は南部へ南部へと後退。沖縄は、比島戦、硫黄島戦と並ぶ悲惨な激戦地となっていった。

ひめゆり学徒隊はあくまで軍属ではない、文部大臣の命令で軍のために看護見習いとして最前線に出たのである。しかし、軍の言い分は「俺たちはおまえらの島を守りに来てやったんだ。おまえらの島はおまえらで守れ」だった。明治五年に日本国に併合した琉球である。まだ七〇年余しか経っていず、どこか強い差別心が軍にはあったのであろう。糸数（南風原）に一斉艦砲射撃が集中する。六月一七日が反撃の総攻撃と決まる、ここにて解散命令が出る。つまり各自勝手に落ち延びよである。軍は棄民したのだ。女生徒たちにも青酸カリ、手榴弾が配られる。ひめゆりは、使うだけ使われて軍に見放された。

最後の日、皆、セーラー服の上衣をきちんと着用し、髪を水で梳き、覚悟を決めた。六月一九日から一週間、多くの女生徒が自決した。教師と生徒合せて二四〇名中、一三六名が犠牲となった。

浜辺で平良先生が女生徒たちを抱くようにして手榴弾で自決する。実話である。体験者講話が無くなっても、語り継がなくてはいけない。

二十四の瞳

［原作］壺井栄
［監督］木下恵介［製作］松竹、一九五四年
［出演］高峰秀子、田村高廣、月丘夢路、笠智衆、浦辺粂子、清川虹子

瀬戸内海・小豆島の分教場に、新人教師大石先生が赴任する。名女優高峰秀子が扮している。六、七歳の

新一年生一二人を受け持つ。一二人、つまり「二十四」のつぶらな瞳の子供達である。

昭和三（一九二八年）年、子供たちは「村の鍛冶屋」を唄いながら登校する。海、島々、船、石切り場、巡礼、ボンネットのバス、島の人々、網を繕う漁師、おかみさんたち、まだ長閑な日本である。大石先生（高峰秀子）は島の岬を洋服姿で颯爽と自転車で行く。あどけない一二名の生徒たちは「オオイシ、コイシ」と囃し立てる。映画挿入歌として、「ふるさと」「あわて床屋」「七つの子」「荒城の月」、特に「七つの子」は四回も唄われる。

五年が経つ。皆、本校に通学して来る。大石先生が待っている。家が貧しくて、途中から高松の飯屋で働かされる子、一家で夜逃げをさせられる子、修学旅行へ行けない子、いろいろな境遇の子たちがいる。授業で大石先生は子供たちに「将来の希望」という作文を書かせる。富士子は作文用紙を前にして泣き伏す。「先生、私には将来の希望が書けないんです。家はもう他人の物になってしまって…」「あなたが苦しんでいるのは、あなたのせいじゃない…お父さんやお母さんのせいでもない…だから、自分にがっかりしちゃダメよ。泣きたい時はいつでも先生のところへいらっしゃい。先生も一緒に泣いてあげる…ね」

先生はいつも一緒に泣く。

尋常小学校卒業の日、ある子は丁稚奉公に、ある子は大阪の女工に、裕福な家の子は中学へ高女へと、人生が分かれていく。子供達一人一人の泣き顔がアップで写し出される。八年後、吉次、仁太、竹一、正、磯吉ら五人は戦地へ駆り出される。大石先生の夫（天本英世）にも赤紙が来る。大阪へ女工で行ったコトエが島に戻っている。胸を患っている。大石先生はコトエを訪ねる。肺病ゆえに、家の離れのあばら家に寝かされている。

「先生、私、苦労しました」

コトエはクラスで一番の成績だった。もっと上の学校へ行きたかった。

「先生、私、もう長くないんです」

先生は泣く、泣くことしかしてやれない。

大東亜戦争は拡大の一途、転進、玉砕、空襲、原爆、そして敗戦。五人の男児のうち三人戦死、先生の夫も戦死した。

戦後再び、老大石先生は産休先生の代わりとして、岬の分教場へやって来た。歓迎会が行われる。一二人が七人になっている。「十四の瞳」である。島の高台に三人のまだ新しい木墓が建っている。磯吉（田村高廣）は生き残ったが、目をやられている。一年生の時に浜辺で皆で撮った写真がある。目の見えない磯吉が、まるで見えるかのように順に指で押さえて、全員の名前を云う。戦争さえなければ、この長閑な島で、人生の苦労はあったにせよ、皆幸せに生きられたものを。

七人で、「七つの子」を唄う。大石先生は泣いている。先生は泣いて泣いて泣いて、皆を救うのだ。戦争さえなければ、皆、この美しい小豆島で人生を全うできたものを。

安保法制が議決された。駆け付け警護も可能となった。日本の若者たちが、再び戦場に送られる時代が来るのも、もう目前かもしれない。

嫌な予感が脳裏を横切る。

海と毒薬

［原作］遠藤周作
［監督］熊井啓［製作］「海と毒薬」製作委員会、一九八六年
［出演］奥田瑛二、渡辺謙、岸田今日子、根岸季衣、田村高廣、成田三樹夫

これは反戦映画とはテーマにおいて異なるが、あえて掲げておきたい。医者と医学と、医者としての学術的研究心と探究心と、人間としての倫理観と、人間の罪と罰とを遠藤周作はテーマとし、熊井啓監督はほぼ遠藤の原作に忠実に製作している。

されども、当時の九大外科の教授、助教授陣はやはり軍から命令されたことには間違いない。人の命を助けることが使命の医者が、いかに憎き米兵とはいえ、生きたまま解剖をするわけがない。帝大の教授と云えども、軍には逆らえなかったのだ、と思う。

昭和二〇年五月一七日から六月二日までの四回、九大外科病棟の手術室で、八人の捕虜米兵の生体解剖が行われた。日本を無差別に攻撃したB29のパイロット及び搭乗員たちである。当然、無差別爆撃はハーグ条約国際法違反である。よって八人は、戦時特別犯罪人として銃殺刑に該当する。

西部軍は陸軍省に指示を仰ぐ。

一、東京ノ俘虜収容所ハ既ニ一杯デアル。

二、従ッテ、従来ノヨウニ敵機搭乗員ノ全員ヲ送ル必要ハナイ。
三、但シ、情報価値ノアル機長ダケハ東京へ送レ。
四、後ノ者ハ各司令部デ適当ニ処置セヨ。

この「適当ニ処置セヨ」の命令を、西部軍はどうせ銃殺刑になる者たちならば、実験手術にて、医学に貢献できないかと、九大に持ち込んだのである。沖縄戦もすでに敗色濃厚で、軍は本土決戦を決意していた。九州決戦、戦いにおいて負傷兵に多くの血液が必要になると考え、海水から食塩水を取り出し、代用血液に成らないかと考えた。食塩水でどれくらい命が持つものか、その人体実験に米捕虜を使おうと考えた。

映画は第一外科教授に田村高廣、第一外科助教授に成田三樹夫、研究生助手戸田に渡辺謙、勝呂に奥田瑛二、婦長に岸田今日子、看護婦に根岸季衣と、錚々たる演技者を揃えている。戦後、米軍の調査官（岡田真澄）の尋問シーンから始まり、カットバック方式で過去に戻り、また尋問と云う構成である。

凄まじいのは、解剖シーンである。麻酔を掛けられた米兵の白い肉体が目に焼き付く。戸田と勝呂は一人の人間の心の中にある、葛藤の片方づつを演じている。抜血し食塩水を入れる、死ぬ。結核患者の為の研究として、右肺全てと左肺の上葉を切除し、どの位生きられるかを実験する。心臓を停止させ、手に依るマッサージで鼓動再開、蘇生するかの実験。解剖室の手術中の表現は流れる「血と水」で、その不気味さは演出されている。血は作り物ではリアリティが出ず、全スタッフが積極的に血を抜き、撮影に供したと聞く。よって、いっそう怖さが伝わる。

軍の命令か、医学的探究心か、手術台の上の処刑は行われた。

昭和二三年三月一一日、横浜地方裁判所第一号法廷、多くは有罪を申し渡されたが、朝鮮戦争勃発後、ほぼ全員恩赦釈放されている。ただ一人、田村高廣が演じた橋本教授のモデルとなった石山教授のみが、早々に獄中で縊死した。遺書に「一切は軍の命令。責任は余にあり。」とあった。

3　なぜ特攻が必要だったのか

雲ながるる果てに

［原作］「雲ながるる果てに　戦歿飛行予備学生の手記」より
［監督］家城巳代治［製作］重宗プロ、一九五三年
［出演］鶴田浩二、木村功、高原駿雄、金子信雄、沼田曜一

この映画が作られたのは一九五三年、私が五歳の時、よってリアルタイムには観ていない。高校時代（一九六五）、田舎の公会堂で観た。ちょうどベトナム戦争が始まっており、トンキン湾からアメリカが北爆を開始したころである。高校の朝礼で、生徒会委員長が登壇し、校長や教頭、教諭たちの前で、ベトナム戦争反対の意をアジテーションではなく、品格を持って弁じた。我々団塊も、青春期に入っており、ベトナム戦争をとば口に、太平洋戦争と云うものの本質の理解に興味を持ち始めていた。

この映画は学徒特攻兵を描いた反戦映画である。土壇場の土壇場まで人間らしくありたいとした、戦時下の若者たちの葛藤映画でもある。

昭和一八年、東條英機の発案にて、青少年学徒出陣令が敷かれ、同年一〇月より主に全国文系大学生が戦場へと駆り出された。

映画は昭和二〇年四月、南九州の特攻基地を舞台としている。学徒兵は将校扱いとはいえ、海軍兵学校上がりからは海軍の恥と罵られていた。特攻隊志願となれば、「生きながら神」と煽てられ、現実は「おまえらは消耗品である」と蔑まれていた。大瀧中尉（鶴田浩二）は学徒ながら、職業軍人にも優る愛国一筋の好漢である。逆に親友の深見中尉（木村功）は、この戦争自体に疑念を持ち、特攻戦法にも懐疑を抱いていた。特攻とはつまり「体当たり」である。神風特別攻撃隊は大西瀧次郎海軍中将が「必死必殺の兵器で皇国を護持せよ」と発案し、昭和一九年一〇月比島レイテ湾海戦より始まっている。魁は海軍大尉関行男の敷島隊、ほか大和隊、朝日隊、米国空母撃沈他赫々たる戦果を上げる。新聞は美辞麗句を見出しに掲げ、誉めそやした。これより、空も陸も海も「特攻」が主流戦法となる。当初は海軍兵学校卒が主力で飛ぶも、昭和二〇年になると学徒士官と予科練兵が主力に変わる。海軍幹部には「外道の作戦」であると云っていた者もいる。学徒士官は云う、「軍人商売の奴らに、オレたちの散り際をを見せてやる」。国を想う気持ちと、文系のヤワな学生と侮られたくない気持ちが錯綜していく。敵と戦う前に、海兵組が学徒組の敵となっている。出陣前夜、女郎屋に行く者、大酒を飲み高歌放吟する者、辞世の句を練る者、皆お互いに心の動揺を見せず、普段に普通に過ごす。最も男らしく愛国の大瀧はひとり、宿舎を出て林の中で泣き悶える。「父ちゃん、母ちゃん、よっちゃん（妹）、会いたい、会いたい、会いたい……」。深見はその姿を垣間見て、負傷の身もいとわず、急遽特攻を申し出る。「オレはオレだけが、悩んでいると思っていたんだ。みんなが悩んでいるのを知ったんだ。だからオレは貴様たちと一緒に死にたいんだ」。

翌朝、全員晴れ晴れと「きわめて健康」に、まるで普通の仕事に出るように飛び立つ。海軍特攻隊士官戦死八〇〇名弱、内八割は一〇ヵ月ほどの訓練で飛ばされた学徒である。職業軍人の海兵出身者は二割も散っていない。映画の中で海兵出身の倉石参謀（岡田英次）が全機突撃失敗を聞くと、舌打ちするように嘲笑う。学徒は「消耗品」と呼ばれていた。平和であれば良き父となり、日本の経済や文化や科学や多方面に寄与したことであろう。有為の若者ばかりだった。

人間魚雷　回天

［原作］津村敏行
［監督］松林宗恵［製作］新東宝、一九五五年
［出演］岡田英次、木村功、宇津井健、津島恵子、沼田曜一

私の生まれは大分県宇佐郡（現・宇佐市）、宇佐からしばらく東に下ると日出町がある。この町に七二年前、秘密兵器「回天」の出撃基地があった。

回天は魚雷を改造したもので、全長一四・七五メートル、直径一メートル、操縦席は小さな潜望鏡の前に、人ひとりがやっと座れるほどの狭さである。敵の戦艦に自ら操縦し「体当たり」するための、特別攻撃人間魚雷である。神風他の「空の特攻」に対し、回天は「海の特攻」と云われた。周南市大津島、光（山口県）、平生（同）に続いて、九州では唯一日出に造られた。内ハッチ、外ハッチを閉めてひとたび発進すれ

ば、脱出装置はなく、この世とのお別れである。敗戦までに約四二〇機が造られ、一三七五人が訓練を受け、一三八名が殉職及び戦死した。回天とは「天を回らし、戦局を逆転させる」の天運挽回の意が込められている。

松林宗恵監督もまた、龍谷大学出身の海軍第三期兵科予備学生で、彼は陸戦隊であったが、回天で散華した予備学生たちへの鎮魂の思いをこの映画にこめている。その証拠に、高畑駿雄が演じる予備学生川村少尉は映画の中で、先に逝った同期たちの遺影にお経を唱えながら、「龍谷大学出身」と云う。予備学生とは予備士官、見習士官の事で、海軍兵学校組が「予備士官」と呼ぶのには侮蔑の意が入っていた。

昭和一九年秋、海兵組の上官（高橋昌也）が「内部と外部からハッチを閉める。泣いても笑っても一人っきりだ」と嗤いながら云う。予備士官玉井少尉（木村功）が「まるで棺桶に閉じ込められているような、貴様たちの本当の気持を教えてくれ」と本音を問う。朝倉少尉（岡田英次）は、「みんな自分の気持を抑えるのが精いっぱいなんだ」と答える。練習中に明治大学出身の同期が殉死した。皆で「おお、明治　白雲なびく」を弔いに唄う。上官が飛んできて、「予備士官たちはまだ娑婆っ気は抜けんか」とビンタを全員にくれる。早稲田大学蹴球部主将からの村瀬少尉（宇津井健）は、先の突撃命令ではるかトラック島まで運ばれたが、エンジンの不具合で発進できなかった。再び戻ってきている。「俺たちは死んでいるんだ。生きてると思ったら、苦しくなるばかりだ」と、あえてニヒルな逆説を持って厭戦心を振り払う。練習中の朝倉の艇も不具合が多く、一度訓練中に死にかかる。与えられた当初から不具合の多い魚雷艇だった。

ついに出撃命令が下る。皆、父上母上に遺書を書く。玉井は「俺は死ぬ前まで、嘘は書きたくない」と書かない。多くの者が料亭に芸者を揚げ、飲めや歌えやで大騒ぎをする。どう逆らっても、もう逃げられない。すべては「お国の為」である。朝倉は料亭には行かない。一人カントの哲学書を読んで過ごす。朝倉は帝大の学生出身である。「戦争は誰が始めたのですか、戦争は誰がやめさせるのですか」と自問している。遺言はカントの言葉である、「これでいい、何もかも、もはや云うことはない」。三人、伊号三六潜水艦に乗り込む。沼田曜一扮する予備士官は決別の声を艦上で高らかに挙げる、「慶応義塾大学経済学部　関谷中尉！」。これは海兵組へのせめてもの抵抗だった。朝倉は最後「人の命を何だと思っているのか」と呟く、そして不具合の回天の中に消える。

空の少年兵

［ドキュメンタリー作品］
［監督］井上莞［製作］大映、一九四〇年
［出演］登場人物はすべて実際の軍人たちと少年兵たち

昭和一五年のドキュメンタリー映画である。

この映画は海軍省後援で予科練への応募促進のリクルート映画である。予科練習生制度は昭和四年にでき、応募資格は尋常高等小学校卒で満一四歳以上、二〇歳未満、教育期間は三年だった。昭和一二年からは旧制中学校四年の一学期が終了すれば志願できるようになった。当初は横須賀であったが、昭和一四年からは「霞ヶ浦海軍航空隊」管轄となった。映画の舞台もまさに「霞ヶ浦」であり、航空機乗員の大量育成のため、若き予科練生を全国に公募した。映画の冒頭に富士山と練習機が映る。

スーパーインポーズ（字幕）が挿入される。

「渡洋爆撃の海鷲たちが　かつていかに逞しく　鍛えられ　飛行機を征服したか　これは決死的な撮影による　生きた記録である」

第一話は、「地上鍛錬篇」と銘打たれている。

入隊式から始まる。空に憧れる少年たちが父親と来ている。昔気質の当時の父親たちである。息子に「しっかりやれ」とだけ言って、あっさり帰って行く。子別れ、戦前の親たちは皆このように素っ気ないものである。入隊の適性検査、身体検査、面接。少年の言葉がある。

「兄が名誉の戦死をしました。そこで私がその後を継ごうと思い、志願しました」

凛々しくハキハキと云う。みな一五歳くらいの実にあどけない顔をしている。視力検査、動体視力検査、地上における旋回訓練と、憧れの海鷲訓練に入った。常にキビキビと動き、腹の底から声を出す。

「おまえたちはこの訓練に耐え、各個人個人が旺盛な貫徹精神が必要である。めいめいの勝手な精神を粉砕し、真の軍人と成れ」

回転具、水練、飛び込みの訓練、夜はハンモックで寝、起床即時に軍庭に整列し、明治天皇の御製歌を斉唱する。

「あさみどり澄みわたりたる大空の　ひろきを　おのが心とも哉」

授業は国語、歴史、英語、飛行機の原理、燃料論「揮発油特性曲線」、モールス信号、手旗、銃剣の稽古、陸戦訓練、帆上げ、短艇（カッター）の稽古と競争、相撲、ラグビーなど。精神、学術、体幹を鍛え、飛行機と一体となる教育を施す。教官より、「自分の体を自由にできなくて、どうして飛行機を自由にできよう」と檄を飛ばされる。プロペラの解体、組み立てなど整備の訓練もさせられる。

次に「雄飛篇」。

いよいよ飛行訓練に入る。複葉機での訓練。発進、飛行、着陸が繰り返される。しばらくは後ろに教官が同乗しているが、ある日「今日は一人で行って来い」と単独飛行に入る。単独に慣れれば、次に三機編隊飛行へ。先輩たちの凄い訓練、キリモミ、反転、背面、宙返り、背面キリモミ、横転、急降下を、憧れの瞳で見つめている。この映画に登場している少年たちは、いかにも純でいたいけである。実際、キリモミや急降下訓練で何機が練習中に墜落したことであろうか。偏流測定、天候や風の判断、霧の中、雨の中、暗夜夜間飛行の訓練を続ける。空母での短距離発着訓練、海に浮かべた的を撃つ機銃訓練、五機編隊訓練の後、卒業飛行の大編隊飛行を見事に行う。

お国の為と、何の疑いもなく、無垢で清らかな瞳で各地に散っていった。「外道の策」と呼ばれた特攻隊の主力は主にこのまだ幼い少年予科練生だった。国が方向を誤ると、優秀で健気で純粋で純情な若者たちの命まで、差し出さなくてはならなかった。

英霊たちの応援歌　最後の早慶戦

［原作］神山圭介
［監督］岡本喜八［製作］東宝、一九七九年
［出演］永島敏行、勝野洋、東野英治郎、本田博太郎、竹下景子

太平洋戦争は、昭和一八年（一九四三）二月、ガダルカナル島の惨敗では日本軍の劣勢は明らかとなった。内地の新聞は「転進」という言葉を使った。転進とは敗退したと云うことである。この方面の闘いで、一万六七六四柱の同胞の命がささげられた。二月一四日、陸軍は国民に対し「撃ちてし止まん」の標語を掲げ、一億総進撃の檄を飛ばした。

同時に敵性用語の排斥も進む。三月一二日、野球用語も日本語化するよう指導が入る。セーフは「よし」、アウトは「だめ」、ストライクは「正球」、ボールは「悪球」、バントは「軽打」など。

野球は「敵国の国技」であるということから、東京六大学等の野球禁止令が文部省より出され、東京大学野球連盟は解散させられた。

昭和一八年六月一七日、アッツ島守備隊が玉砕した。山本五十六連合艦隊司令長官も四月一八日にソロモン・ブーゲンビル島上空にて、米機一六機より撃墜されていた事を、国民への士気の影響を考え、二ヵ月後のこの時に発表した。九月二一日、政府は文科系大学の徴兵猶予を停止する特令を公布した。

「学徒出陣」の名のもとに戦場に赴く日が近づいた。「どうしても、最後の早慶戦をやりたい」という野球部員の願いに応え、慶応大学小泉総長は、早稲田大学と交渉に入った。神宮球場での試合を希求したが、文部省より許されず、早稲田の戸塚球場（後に安倍球場となり、現在はない）での試合となった。早稲田の監督はかの飛田穂州である。映画では名優東野英治郎が演じている。当局を気にし、しぶる大学側を説き伏せ、自分の責任においてこの最後の一戦を実現させた。

昭和一八年一〇月一六日、実に美しい日本晴れ、午後一時プレイボール。早稲田のユニフォームは真っ白に臙脂の文字、慶応はライトグレーのユニフォームに墨の文字、双方とも凛々しく知的である。試合は一〇対一で早稲田の大勝であったが、内容などは問題ではなく、この国難の時期に野球ができた喜びと、もうこれが最後かもしれないと云う切なさが、一球一球に万感の思いを籠めさせた試合だった。勝敗を越えて試合後、両方ベンチから、慶応「若き血」、早稲田「都の西北」が唄われ、最後は「海行かば」の大合唱となった。

映画の中で、校歌が唄われる、両校の校旗が静かに頭を下げる。双方の選手が「今度は戦場で会おう」と握手し抱き合う。「海行かば」の大合唱が球場全体を包んでいる。主演は早稲田のバッテリーに、秋山信吾捕手（永島敏行）と三上哲男投手（中村秀和）、マネージャー相田暢一（勝野洋）である。

この試合から五日後、秋深む一〇月二一日の朝、明治神宮外苑競技場にて、「壮行の祭典」は催された。「文部省主催出陣学徒壮行会」である。東京大学を先頭に七七校が入ってくる。彼ら総てが今から、最前線のジャングルに入り、かつ空を飛び、かつ海で闘い、「みづくかばね、草むすかばね」となって行くのである。ここに、東条英機首相の訓示を書き添えたい。

「諸君のその燃え上がる魂、その若き肉体、諸君のその清新なる血潮、すべてこれ御国の大御宝（おおみたから）なのである。この一切を大君の御ために捧げ奉るのは、皇国に生を享けたる諸君の進むべきただ一つの途である」

最後、秋山も三上も敵艦隊に向かって突っ込む。最後の早慶戦のメンバーからは、五人が戦没した。

月光の夏

［原作・脚本］毛利恒之
［監督］神山征二郎［製作］「月光の夏」全国配給委員会他、一九九三年
［出演］渡辺美佐子、仲代達矢、若村真由美、内藤武敏、田村高廣

福岡市中央区薬院「九電記念体育館」の地に、戦時中、陸軍第六航空司令部（後の司令軍）があった。その敷地内に「振武寮」という家屋が息を殺して建っていた。特攻隊として出撃したが、エンジンの不具合や何らかの事情で攻撃に到らず、帰還してきた特攻隊員たちの収容所であった。特攻隊員は皆「軍神」である。軍神が生きていてはまずい。死んだこととして、ここに軟禁した。

玉砕、特攻の後は、生きていてはいけないのである。「人間のクズ」「卑怯者」「国賊」と連日上官から苛められ、「なんで死んで来なかったのか」「死んだ連中に申し訳ないとは思わないのか」と罵倒された。行くも地獄ならば、残るも地獄の戦争末期であった。

この映画は実話にのっとっている。鳥栖国民学校に、ドイツ・HUPFER（フッペル）社のグランドピアノがあった。昭和二〇年六月のある日、目達原基地（吉野ヶ里近く）から、二人の特攻兵が線路沿いに駆けに駆けてきた。明日は都城西基地に向かい、出撃しなくてはならない。一人は上野音大ピアノ科の海野、一人は熊本師範の音楽専攻の風間、両名とも学徒である。今生の別れにピアノを弾かせてくれと云う。学校の楽譜集の中に、ベートーベンの「幻想曲ソナータ」があった。一般に「月光」の曲と呼ばれている。上野の音大生が弾く。左手の押さえにはゆっくりとした哀しみがある。左手は生き残りたいと云っているようだ。右手は「行くぞ行くぞ」と逸っている。心の葛藤のメタファーである。曲はいっそう激しくなる。「行くぞ行くぞ、行くぞ行くぞ」と弾いている。この世の別れに命のかぎりを鍵盤に叩きつけている。「飛ばなくては、飛ばなくては、祖国を守るために」と最後覚悟を決めたように静かに弾き終る。熊本師範は「自分たちの鎮魂歌です」と、「海行かば」を弾く。ピアノを囲む国民学校の少国民たちが唄う。

♪海行かばみずくかばね　山行かば草むすかばね
　大君の辺にこそ死なめかえりみはせじ

子供たちが口々に言う、「少年航空兵になりたいと思います」「予科練に行きます」。風間が答える、「君たちが行かんでよかごと、兄ちゃんたちが行くたい」。二人は何度も何度も振り返り、「さよなら」「サヨナラ」「さよなら」と手を振って基地へ戻っていった。

この時期の学徒兵は見習士官と蔑まれ、速成でただ飛び上がり低空で前に進むだけの訓練である。二五〇キロ爆弾を抱き、エンジン故障の多いオンボロ機で、援護機も戦果確認機も、もう無い状態だった。海野は特攻で戦死、風間はエンジンの不調で引き返した。「振武寮」に入れられる。戦争は生き残った人間の心にも「負い目」と云う大きな傷跡を残す。屈辱の日々の後、終戦となる。

生き残った初老の風間に仲代達矢。やっと重い口を開ける。「グランドピアノがあると聞いて、海野（永野典勝）を連れて行ったのはこの私です。海野はピアニストになるのが夢でした」「思い切りピアノを弾いて、死にたかと云うもんですけん」。

最後、老いた風間は鳥栖小学校に現れ、手入れをされたHUPFER（フッペル、ドイツ製）に再び対峙する。そして月光の第一楽章を弾く。タンタターン、タンタターン、鎮魂曲である。有能な若者たちが、いろいろの想いを抑えて「体当たり」していった。

誰が人の命と夢と人生を弄んだのか。

ホタル

［原作・脚本］竹山洋
［監督］降旗康男［製作］東映、「ホタル」製作委員会、二〇〇一年
［出演］高倉健、田中裕子、奈良岡朋子、井川比佐志、小澤征悦

日本は明治四三年（一九一〇）八月二九日に「日韓併合」を行った。経緯はいろいろあるが、ここでは割愛したい。終戦のポツダム宣言受諾まで三五年間、植民地以上の合邦・併合政策を行ってきた。明治五年に「琉球処分」と云う言葉の下に、琉球併合を行った。併合とは植民地と云うよりも、自国に取り込むと考え

た方が近い。天皇の民として、「皇民化」政策、「創氏改名」ほか、「ハングル文字」教育を行った。太平洋戦争時、二四万余の朝鮮出身の若者たちが「皇国の軍人・軍属」及び徴用の労働者として動員された。航空特攻では判明しているだけで一四名の方が戦死している。併合状態であり、日本人の一人として召集されていた。

映画は陸軍の特攻基地があった鹿児島・知覧が舞台である。特攻の生き残りの男山岡秀治に高倉健、その妻山岡知子に田中裕子。知覧の若い特攻兵たちに慕われた「特攻の母」鳥浜トメ（映画では、山本富子の名）に奈良岡朋子が扮している。兵たちが集う「富屋食堂」のお母さんである。山岡はエンジンの不調で体当りならず、引き返す。直ぐに終戦を迎える。年月は過ぎ、ずっと知覧でカンパチの養殖をしながら漁師をしている。愛妻の知子は、実は尊敬する上官の恋人だった。上官の名は金山少尉と云う。本名、キム・ソンジエ、若き日を小澤征悦が演じている。富屋食堂のお母さんが若い宮川という隊員の話をする。

「今度こそ、どんなことがあっても敵艦を撃沈して帰ってくる。ホタルになって帰って来るよ。だから、ホタルが来たら、僕だと思って、よう帰ってきたと言って」

お母さんは云う。「お国の為やゆうて、バンザイ、バンザイゆうて送り出したんよ。自分の子だったら、そんなことは言わんでしょ……殺したんもいっしょよ」

金山少尉の出身は釜山だった。金山こと、キム・ソンジュは恋人知子に手紙を残していた。

「とも子さん、とも子さんは私を朝鮮人と知りながら愛してくれた。明朝、出撃します。ありがとう。私はとも子さんのお陰で本当に幸せでした。私は必ずや敵艦を撃沈します。大日本帝国の為に死ぬのではない。朝鮮民族の誇りを持って、ともさんの為に出撃します。朝鮮民族、バンザイ」

金山少尉は食堂のお母さんの前で、最後の別れの歌、「アリラン」を唄う。

♪　アリラン　アーリラン　アラーリヨォ　アリラン　コーゲロォ　ノモカンダー

万やむなく宿命に身を任せ、生への葛藤を哀しく断ち切る唄声である。「内鮮一体」の標語の下、「半島の神鷲」と煽てられ、異国の戦に殉じて行った。心からの訣別の歌である。

知覧特攻平和会館へ行けば、一七歳で飛んだ大河正明（朴東薫）伍長の写真もある。同期の同僚には、「日本人は嘘つきだ。俺が特攻で死んだら、親も兄弟も、チョーセン、チョーセンと馬鹿にされないだろう。朝鮮人の根性を見せてやる」と云っていたと伝わる。

併合と云う運命の中で、日本人よりも立派に散ることが、せめてもの民族の誇りと考えたのか。

映画の最後、山岡と知子が釜山に金山少尉の生家を訪ねる。彼の遺言を伝えるためだ。生家の人たちは歓迎しない。なぜ朝鮮出身の息子が死んで、日本人が生き残っているのか。生き残った側も辛い、ずっと負い目がある。彼の家のお墓に二人で参る。金山少尉か、冬のホタルが現れ、嬉しそうに二人の周りを舞った。

すでに七二年が過ぎた。水に流してほしいとは云わないが、せめてその「恨（ハン）」を土に埋めて、未来に向けて、助け合っていけたらと思う。

4　末端兵は人間ではないのか

人間の条件

［原作］五味川純平
［監督］小林正樹［製作］松竹、一九五九～六一年
［出演］仲代達矢、新珠三千代、佐田啓二、内藤武敏、金子信雄、岸田今日子

「人間の條件」（五味川純平・作）の梶の闘いと、「神聖喜劇」（大西巨人・作）の東堂太郎の闘いは、少しキナ臭くなった今日、ぜひ読み直していただきたい作品だ。

全六部約九時間半の大長編映画である。第一部「純愛篇」、第二部「激怒篇」はまだ平和で人間味もある。第三部「戦雲篇」、第四部「望郷篇」は軍隊内の非人間性と理不尽がしっかり描かれている。特に観て欲しいのは第五部「死の脱出」、第六部「曠野の彷徨」である。この最終二部において、梶の中の人間性が大きく変貌させられる。梶に仲代達矢、妻・美千子に新珠三千代、梶の部下寺田二等兵に川津祐介、ソ連共産主義に理解を示す丹下一等兵に内藤武敏、日本兵の狡猾非道さと要領の良さを全て持っている桐原伍長に金子

信雄という布陣である。

「人間の条件」とは何なのか。

人間は与えられた条件の中を生きて行かざるを得ない。それは「宿命」と言い換えてもいい。過酷な宿命の中で、自我と正義を保ち続けることができるのだろうか。

まして戦争と云う条件の中で、真っ直ぐにヒューマンに生きていくことができるのだろうか。そのことの難しさをこの映画は問い描いている。

軍隊と云う組織の中で、ひとり正義感を顕し、ひとり抵抗反抗しても、所詮は蟷螂の斧、空しい事ばかりである。いくら良心の下、人間性を持って行動しても、すべて理不尽な下卑た野卑な論理に振り回され、反動分子として扱われていく。軍隊とは真空地帯である、と野間宏は書いた。血の通った人間性を全て根こそぎ剝ぎとられ、上官の意のままに扱われるロボットとされていく。兵隊とは赤紙一枚で引っ張られた路傍の小石であり、変わりはドンドン利くのである。人間は人間の尊厳を剝ぎ落された時、虚無しか心に残らない。虚無は温かい血の流れを止め、冷酷な人間に変えて行く。

梶は全ての横暴な抑圧に逆らいながらも、自我を棄てず、それでも敵を殺さざるを得ない自分にも向かっていく。戦争と軍隊は、美しく正しく真っ直ぐにありたい人間の條件をも、黒く暗く辛く澱んだものに変えて行く。梶は水も食料も地図も磁石もない中、ソ連軍や、八路軍や匪賊に追われる日本人たちを超人的に導びいていくが、結局、赤軍の捕虜となる。収容所では日本人的悪の権化である桐原伍長がすでにソ連兵に取り入り、睨みを利かせたリーダーをしていた。梶を憎み、部下の寺田を徹底的に苛め、苛め殺す。梶は惨殺された寺田の復讐として桐原を殺し、雪の曠野に脱走し、妻との再会を夢見ながら死んでいく。戦争は梶と云う真っ直ぐの男を、私的制裁で人を殺さざるを得ないところまで貶めてしまった。

死守してきた正義と良心はすでにない。戦争は憎い。戦争は人を変える。野に倒れた梶の体の上にただ雪が降り積もっていく。

南の島に雪が降る

［原作］加東大介
［監督］久松静児［製作］東京映画、一九六一年
［出演］加東大介、森繁久弥、伴淳三郎、西村晃、有島一郎、渥美清、フランキー堺

名優加東大介が自らの戦争体験、ニューギニアでの思い出を描いた従軍手記を基にした作品である。昭和一九年（一九四四）秋、西部ニューギニアのマノクワリが舞台である。米軍との戦いにすでに制空権も制海権もなく、マノクワリに四万いた兵も七〇〇〇人にまで減っていた。武器弾薬食料は届かず、トカゲ、ヘビ、ワニ、野鼠、虫何でも幽鬼のように食べる。マラリア、アメーバ赤痢、デング熱、腸チフス、栄養失調が蔓延している。ここもまた、この世の地獄である。

兵は畑を作るのが主な仕事で、戦さどころではない。加東はここで衛生軍曹を拝命している。ある日、司令官（志村喬）より、兵の慰安と士気鼓舞のために「演劇班」を作ることを命令される。彼は前進座時代市

川莚司と名乗っていたが、映画では娑婆時代の芸名を市川莚菊としている。加東軍曹は女形の前田上等兵（西村晃）と共に、他にも演劇をやれるものはいないかと面接（オーディション）を始める。各部隊から、芸達者や戯作者、衣装、美術、大道具、小道具、結髪かつら、舞台の裏方のできる兵を集めていく。皆、知恵を出し合い、有る物で衣装やかつら他を作る。役者の面接風景が実に面白い。手品ができる桂小金治、東北の田舎団十郎と自ら言う鳶山一等兵（伴淳三郎）、博多の坊主篠崎曹長（有島一郎）、偽役者の青戸上等兵（渥美清）等など、面白い面々が集まる。

ついに「ニューギニア歌舞伎座」がマノクワリに出来上がる。各部隊ごとに観劇にやって来る。ジャングルで孤立して暮す「棄兵」たちも噂を聞いてやって来る。「棄兵」とは棄てられた兵たちである。日本軍は「生きて虜囚の辱めを受けず」と云う東条英機の作った戦陣訓を金科玉条としていた。故に玉砕部隊に所属していた兵で生きている者はすでに死んでいるのであり、他部隊に吸収編入しなかった。皆、勝手に食べていけと棄てられ、餓死病死寸前であった。その棄兵の一人、坂田伍長（フランキー堺）が「演芸班」にやってくる。シャバではプロのピアニストだったらしい。指をやられているが、必死にピアノを慈しむように弾く。日本の唱歌の数々、そして「君恋し」。皆、内地の妻や恋人を思いだし、悄然と思いにふける。班に誘われるが、坂田は仲間の所へ戻っていく。

ある日、森繁久弥が演じる森久男中隊長の部隊がやって来る。明日は玉砕の突撃である。森中隊長は舞台に上がり、自分の部下たちに万感の思いをこめて、「五木の子守唄」を唄い踊る。「あすは俺と一緒に死んでくれ」の申し訳なさと切なさが込められており、心を打つ名シーンである。ニューギニアに雪は降らない。部隊に東北の兵士たちも多く、「死ぬ前に……もう一度雪が見たくて……故郷の青森は……雪が降っているなぁ……」の声を聴き、加東軍曹は長谷川伸の「瞼の母」で雪を降らせることにする。落下傘の白布を細かく切り大量の雪を作る。棄兵の連中も小林伍長（小林桂樹）ほか、瀕死の大澤上等兵（田武謙三）を手作りの戸板に載せて観にやって来る。

さあ、雪のシーン、大量の雪が降る。感極まって涙する兵士たち、加東他役者たちも泣く。雪を見ながら、大澤上等兵は嬉しそうに息を引取る。死にゆく兵士たちに、せめてもの内地を見せた実話である。「玉砕」、裏の意味は生き残っても、生きていてはいけないと云う意味である。

野火

［原作］大岡昇平
［監督］市川崑［製作］大映、一九五九年
［出演］船越英二、ミッキー・カーチス、滝沢修、稲葉義男

比島で餓鬼道に堕ちていかざるを得なかった兵たちの話である。

負け戦の連続で、もう軍隊の秩序も何にもない。理性を失くした兵たちには、ただ飢餓の中を生きていく、狡猾さだけがギラギラと表出してくる。飢餓と狡猾さの先にあるのは、カニバリズム、人肉喰いの地獄である。

比島での戦いは昭和一九年（一九四四年）一〇月から始まる。日本軍約八万人余、アメリカ軍二〇万人の

戦いだった。日本の大将は「マレーの虎」と異名を取った山下奉文、アメリカはダグラス・マッカーサー大将。「I shall return」から、「I returned for VICTORY」で比島に戻ってきた。山下大将は第一四方面軍司令官の肩書だったが、全権は持たされていず、昭和一六年、シンガポールを落とした頃の威勢と威厳はなかった。兵も精鋭部隊とは云えず、四〇歳くらいまでの中年補充兵が多かった。

レイテ沖海戦の大敗北で、比島での制空権、制海権はアメリカ側に移り、将兵への軍需品、弾薬、食料の補給は途絶えた。レイテ二万の山下軍もわずか二日間の闘いに破れ、奥地のジャングルに籠り、ゲリラ攻撃や夜襲攻撃で戦うも、各連隊長以下多くが戦死し、命令系統さえもバラバラと成り、軍の体裁さえ整っていなかった。

この映画は大岡昇平の「野火」「レイテ戦記」「俘虜記」を基に作られている。主演は田村（船越英二）、原隊からも追い出され、肺病ゆえに野戦病院にも入れてもらえない一等兵。ここもガダルカナルやビルマ白骨街道と同じ、飢餓地獄を呈していた。

「俺だって、すぐ死ぬんだ。助けに行かないぜ。俺だって、すぐ死ぬんだ」

田村は原住民の女を殺し、その家から大量の塩を盗む。班長と呼ばれている稲葉義男扮する三人組と遭遇する。「オレたちゃ、ニューギニアでは、人肉を喰ってきた人間だ。まごまごしてたら、喰っちまうぞ」

田村は怖くなり、気に入られようと塩を分けてやる。班長は日本兵の最も悪い典型を演じている。おどし、威圧を掛け、下をこきつかい、自分だけ助かれば良いと思っている。レイテ島西海岸のパロンポン港集合を伝えられる。村は不気味に静まり返り、住民ゲリラに多くの日本兵が殺されている。安田（滝沢修）という足の悪い兵と、永松（ミッキー・カーチス）という安田の子分の若い兵と出会う。安田は煙草の葉を腰に沢山巻き付け、煙草で他の兵と物々交換をやっている。肉をすすめられる、「猿の肉さ」。安田他、皆、幽鬼のようである。いつ喰われるかと、猜疑心と不信感が重く沈殿している。田村が自嘲気味に「猿がおまえの目の前にも居る」と云う。野火がしょっちゅう上がる。住民ゲリラたちの信号らしい。安田と永松が仲間割れする。永松は安田を射殺して、その腕を斬り取り、生のまま喰う。口は血だらけである。田村は餓鬼に堕ちた永松を撃つ。田村もまた、パロンポンに向かう草原で、一発の弾に当たり、大地に倒れる。市川監督は「野火」の後半は描かず、ここで田村が息絶えたかどうかはぼかして、エンド・マークを打つ。一九四五年二月のレイテである。戦争は酷い。戦争は市井の普通の人をも鬼にする。比島では日本軍五一万人が戦死した。比国人は一一〇万余から亡くなっている。何の罪もない国に、日本は重大で無慈悲で多大な迷惑を掛けてしまった。戦後、比国のエルピディオ・キリノ大統領は、日本軍に最愛の妻及び三人の愛児を殺されながらも、モンテンルパ他の日本人戦犯一〇八名を恩赦で復員させた。「キリノ」、いついつまでも忘れてはならない名前である。

大岡の小説ではこの主人公田村は内地に復員するのだが、人肉を喰ったと云う慙愧に精神を病んでいる。市川監督は終盤のことは割愛した。

二〇一五年製作の塚本晋也監督の「野火」では少し触れている。両作を合わせて観られることをお勧めしたい。

軍旗はためく下に

［原作］結城昌治
［監督］深作欣二［製作］新星映画社、東宝、一九七二年
［出演］丹波哲郎、左幸子、三谷昇、中村翫右衛門、江原真二郎

映画の冒頭、次のスーパーインポーズが入る。

「我が国の軍隊は、世々天皇の統率し給ふ所にぞある」（軍人勅諭、冒頭一行目）

昭和二七年、「戦傷病者戦没者遺族等援護法」が施行された。軍人、軍属、準軍属、戦闘に協力した者、満鉄社員にまで適用され、一時金や遺族年金、障害者年金が出た。しかし、同じように戦地で死亡したのに適用されない者もいた。なぜか、そのことを作家結城昌治はこの小説に著し、世に問うた。

適用されない者とは、敵前逃亡した者、軍を脱走した者、上官を殺害した者など、軍法会議に掛けられ処刑された者たちだ。その遺族には恩給が下りなかった。遺族たちは、自分の夫が、また子が現地にて死刑とだけあり、何故の死刑か、その内容も知らされていなかった。同じように天皇の赤子として赤紙一枚で引っ張られ、何故恩給を貰えないのか。A級戦犯者が戦後、総理になった例さえあると云うのに。

丹波哲郎が演じる夫（富樫勝男）の死刑の真実を知ろうと、妻（左幸子）は当時の上官や同僚・部下を訪ねる。部下思いの良い軍曹だったと云う者もあれば、玉砕総攻撃日に山へ逃げたと云う者もいる。後日、山か

ら下り、隊の芋を盗み、射殺されたと云う者もいる。また仲間を殺し、人肉を喰い、野ブタの肉と云って物々交換をしていたと云う者さえいた。

昭和一八年からのニューギニアは悲惨を通りこし、無惨な飢餓地獄だった。制海権も制空権もなく、補給の船は米軍のＰＴ（魚雷艇）に全て葬られていった。大砲は有れど一門も使えない。分隊に機関銃が一つあれども弾がない。ただ旧式の三八式歩兵銃のみ、それすら持っていない兵もいた。食料の補給もある訳はなく、「現地自活」の命令が出ている。マダン、ブナ、ラエの兵のほとんどが熱帯病死と餓死であった。食物の奪い合いも始まり、米軍より、自分以外は皆敵の殺伐たる地獄の有り様だった。最初に良い分隊長だったと云った男が真実を語りだす。小隊長（江原真二郎）が食料を独り占めし、部下には与えず、マラリア患者の兵でさえ過酷な使役に駆り出す。富樫は「このままでは、俺たちは小隊長に殺されてしまう」と三人がかりでこの悪辣小隊長を殺害する。軍法会議は開かれず、参謀決裁にて「上官殺害、敵前逃亡」罪で銃殺と決まる。三人はニューギニアの浜に引き摺り出され、軍靴を脱ぎ、階級章を剝ぎ、砂に正座させられ、憲兵が後ろから撃ち刑は執行された。彼らとて、戦争の被害者である。

富樫の妻が云う。

「ほかの遺族の方は、陛下と一緒に出て、菊の花を上げてるというのに……私だって父ちゃんの為に……菊の花を上げてやりたいですよ……」

戦争は戦死者をも区別差別する。国のために死んでいった人間に恩給を渡さず、哀しい不名誉な傷跡を遺族に残し続ける。「戦傷病者戦没者遺族等援護法」は、血も涙もない不条理な戦争の遺産である。

拝啓　天皇陛下様

［原作］棟田博
［監督］野村芳太郎［製作］松竹、一九六三年
［出演］渥美清、長門裕之、左幸子、藤山寛美、中村メイコ

この作品は、「真空地帯」（山本薩夫監督）や「人間の條件」（小林正樹監督）、「野火」（市川崑監督）や「日本戦歿学生の手記　きけ、わだつみの声」（関川秀雄監督）で描かれた戦争映画とは違う。

昭和初期、世界大恐慌、日本も大不況で「大学は出たけれどの時代」である。赤紙で引っ張られた最底辺のある兵隊から戦争と軍隊を描いている。学も職も何もなく、日々をひもじく食べていけない人間にとって、軍隊は飯があり、服をもらえ、寝るところさえある。その上、給料まで貰えるのである。この頃の陸軍二等兵の月給は甲種組九円、乙種組六円だった。当時の一円を今に換算すると、五〇〇〇円―一万円の間くらい、だと考えられる。

シャバの辛さに比べれば、軍隊の辛さなんぞ何ともないと云う兵隊の話である。

主演は渥美清、助演は長門裕之。渥美の役名は山田正助略して「山正」、長門は原作者の棟田博を演じている。役名は棟本博である。昭和六年に二人は岡山一〇連隊に入隊する。西村晃演じる一等兵や上等兵等から、シゴキというかイジメのビンタを受け続ける。

♪　新兵さんはかわいそうだねー　また寝て泣くのかよー

戦時ではなく平時であれば二年で除隊、さすがに上等兵も除隊前になれば、二等兵に優しくなる。あまりに苛めた者は除隊前に半殺しに合ったからである。

山正は云う、「沖仲士、炭鉱夫、人夫をやった。軍隊は天国じゃあ、飯は食えるし、ここは天国じゃけん」。ある日、天皇陛下の練兵ご観戦がある。丘の上に白馬に跨った天皇陛下が現れる。赤地に金の菊の紋章の大元帥旗が横にたなびいている。山正は頭を上げず、上目使いに陛下を見る。お優しいお顔をされている。山正は天皇に親しみを抱く。

昭和九年、大陸出兵用意に山正も棟本も岡山一〇連隊に再召集を受ける。昭和一二年中華民国の首都南京陥落。日本中、これで戦争は終わると読んでいた。

山正は、「シャバへ出たら、飯も食われせんし、仕事もないし、わし一人くらい残してくれてもいいんじゃないか」と、陛下に「ハイケイ　テンノウヘイカサマ」と嘆願書を書く。それを見つけた棟本は不敬罪になると必死で止めた。戦争は終わるどころか泥沼化し、結果日本の大敗戦となった。戦後、山正は棟本の家を訪ねる。棟本は戦中から従軍作家をやり、今は少年少女小説を書いている。独り者の渥美を心配し、なんとか連れあいをと、女房（左幸子）と腐心する。山正はメチルアルコールを呑みながら、「わしがこの世の中で一番好きなのは、天皇陛下と棟（本）さんじゃあ」と、きついアルコールにひきつけを起こしながら云う。

昭和二五年、山正にも恋人（中村メイコ）ができる。飲み屋の女で、夫を戦地で亡くしている。山正から紹介された棟本夫妻は自分のこと以上に喜ぶ。その直後、山正は大型トラックに撥ねられて死んだ。やっと幸せになる直前だった。最後の字幕文をご紹介したい。

「拝啓　天皇陛下様

陛下よ　あなたの最後のひとりの『赤子』が　この夜　戦死しました」

山正は撥ねられる前に、道を往く米兵とパンパンに向かって、「天皇陛下、万歳」とわざと云う。鼻歌の「君恋し」を唄いながら。この瞬間に、この作品はまごうことなく反戦映画と分かるのである。野村芳太郎監督のせめてもの意地と抵抗であった。

本日休診

〔原作〕井伏鱒二
〔監督〕渋谷実〔製作〕松竹、一九五二年
〔出演〕柳永二郎、三國連太郎、鶴田浩二、岸恵子、淡島千景

この映画をあえて、反戦映画シリーズの一本に掲げたい。

敗戦後の日本には、ニヒルでドライな、自分だけが良ければ良いといった「利己主義と拝金主義」が蔓延していた。渋谷実監督は戦後の日本人たちに、本来日本人がもつ、優しさ、律儀さ、謙虚さに戻ろうと、この映画を作った。

戦後、病院を復活させて一年目の記念日、柳永二郎扮する三雲先生は一日だけの「本日休診」を取る。毎

日、患者は目白押しでせめて一日、ゆっくり寝て過ごそうとするが、あにはからんや日頃よりも忙しい。柳先生は外科も内科も、産婦人科も皮膚科も、何でもこなす五道達者の先生である。どんなに貧しい患者の家にでも往診する。治療費は有る時払いでいいと云う。かといって、高邁高等な先生ではなく、普通の庶民的先生である。

立派な医者の物語は、「赤ひげ」先生を始め、沢山ある。渋谷監督の本当の狙いは、柳先生と軍隊で気が触れ戻った勇作こと三國連太郎にある。筆者も幼い頃、田舎の町に「イサちゃん」と呼ばれる軍隊で気が触れたオジサンがいたのを覚えている。軍服にゲートルを巻き、駅前広場から繁華街を号令をかけて、オイチニ、オイチニと一人行進をしていた。幼い小学生が「右向け、右」と云えば右を向き、「三歩以上、駆け足」と云えば、駆けていく。一度父に見つかり、ひどくビンタを張られ叱られた。駅前では傷痍軍人のオジサンたちが白衣にアコーディオンで「天然の美」を奏でていた。

勇作は三雲先生を始め、皆から中尉殿と呼ばれている。多分、一兵卒だっただろうが、「中尉殿」と呼ばれると機嫌がいい。彼が狂っていることを知らないチンピラや愚連隊が殴ろうとすると、先生は飛び出していき「戦争で気が触れたのだから、許してやってほしい」と守る。私の父が私を殴ったのも、小学生如きが国の為に気が触れた人間をからかうことは、許し難かったのだろう。

勇作中尉殿はいつも軍人勅諭を一人言ちながら、町を行く。

「一つ、軍人は忠節を尽くすを本文とすべし。一つ、軍人は礼儀を正しくすべし。一つ、軍人は武勇を尚《たっと》ぶべし。一つ、軍人は真偽を重んずべし。一つ、軍人は質素を旨とすべし」

その呟きの中に、気が触れた男の哀しみが伝わり、戦争の犠牲者であることを改めて思わされた。中尉殿が夜、長屋中を大声で号令をかけて回っていると、収めるのは消灯ラッパの旋律である。住人が口で消灯ラッパをやる。勇作はすっと憑物が落ちたように自分の部屋へ大人しく戻っていく。

この映画を反戦映画に挙げるのは、最後の五分があまりにも素晴らしいからだ。勇作中尉殿が往来へ皆集まれと、「全員集合」の号令をかける。三雲先生が、「ほら、岡崎中尉の命令だ。皆、並ぼう」と急かし、長屋の連中が表に整列する。夕焼けの空に雁がVの字に雁行している。中尉殿は友軍機と見立て、「帰還だ」と美しい眼差しで敬礼をする。皆も勇作中尉に倣い、敬礼で西の空に消えていく雁行を見送る。

こんな男に誰がしたのか、そこはかとなく哀しく美しいシーンである。ぜひ、最後の五分をしっかり見てほしい。

5　原発のルーツ・原爆を直視せよ

原爆の子

［原作］長田新編纂「原爆の子～広島の少年少女のうったえ」より
［監督］新藤兼人［製作］近代映画協会、一九五二年
［出演］乙羽信子、滝沢修、北林谷栄、宇野重吉

小学校一年生くらいの頃だっただろうか、父母や姉兄と「原爆を許すまじ」（作詞・浅田石二、作曲・木下航二）をよく唄っていた。

♪ふるさとの街焼かれ　身よりの骨うめし焼け土に　今は白い花咲く　ああ許すまじ原爆を　三度許すまじ原爆を　われらの街に

米国は原爆投下から七二年たった今日でも、アメリカの調査機関ピュー・リサーチ・センターの世論調査

によると、「原爆投下は正当化し得る」と答えた人が五六％もいる。極東裁判で日本の被告たちを人道に対する罪で裁いているが、米国こそ一瞬にして広島の推定一二万の無辜の人々を殺戮し、長崎も同じく推定七万人の無辜の人々を殺戮した。この新型爆弾はハーグ条約違反の兵器であり、米国こそが人道に対する大いなる罪を問われていい。

目標は広島の中心、太田川に架かる相生橋に合わされた。この映画は敗戦七年後に広島でロケされている。新藤監督は相生橋辺りを中心に舞台としている。ガレキ、ガレキ、ガレキ、ガレキの広島から映画は始まる。原爆から四年後、石川孝子先生（乙羽信子）は瀬戸内海の島から広島へ向かう。昔の教え子たちに会いにである。「広島の川は、今日もあの日と同じように美しく流れています。美しい広島の空は今日もあの日と同じように美しく広がっています。家が建ち、草が生え、再び町が生まれました」。石川先生のご両親も兄弟も皆「ピカ」でやられていた。八時一五分からの資料映像が入る。焼けて焼けて焼けて、溶けて溶けて溶けて溶けて、黒焦げとなり、中には影だけ残して、強烈な放射線でみんな消えてしまった。熱線地獄だった。

相生橋で物乞いをしている岩吉爺さん（滝沢修）と出合う。昔、石川の家で働いていた。顔はケロイドとなり、足は不自由で、目もやられている。太田川沿いのバラックで暮らしていた。石川先生は生き残った生徒たちの家を廻る。広島にはいっぺんに孤児たちが増えた。孤児院が沢山出来ている。一日一人四六円の食費でやっている。幼い子供達まで土地を開墾し畑を作っている。三平ちゃんのお父さんは訪ねて行った日に原爆病で亡くなった。あの日命長らえた人も、原爆病で苦しんで死んでいく。良子ちゃんも原爆病、先生を見て喜ぶが、「先生、みじめです……もういけないかもしれない……お父さんとお母さんのいらっしゃるところへ行くかもしれない……」と俯く。会えば嬉しいけれど、会えば辛い事ばかりである。平太くんと会う。「お父さんとお母さんはピカで死んだ。お姉ちゃんは家の下敷きになってビッコになった」、「先生、帰っちゃいけんよ」と甘える。石川先生は岩吉爺さんの孫・太郎ちゃんを島へ連れて帰り、自分が育てると云う。岩吉はしぶるが、太郎の将来を考え納得し託す。そして自ら命を絶つ。「私の体は病院に寄付してください。冬になると全身針で刺されるように痛むこの体を、皆によう見てもろうてください」。石川先生は太郎ちゃんを連れて船に乗る。原爆ドームが哀しくうらめしく空を睨んでいる。

長崎の鐘

［原作］永井隆
［監督］大庭秀雄［製作］松竹、一九五〇年
［出演］若原雅夫、月丘夢路、津島恵子、滝沢修

広島から三日後、一九四五年八月九日一一時二分、長崎上空に悪魔は降臨した。一瞬にして約七万四千の方々が無惨な死を遂げた。後に原爆病・白血病でその二倍以上の方々が亡くなった。爆心地は松山町、浦上地区一帯。長崎の中心部はすべて焼け野原となり、浦上天主堂も一部のレンガの壁を残すのみで全壊した。

この映画の原作は、長崎医科大放射線科の永井隆博士の「長崎の鐘」に依る。彼の「この子を残して」も一部取り入れられている。永井と疎開していた二人の子らはその場は長らえたが、奥方緑さんは黒焦げとな

り天に召された。遺体の傍に彼女愛用のロザリオが落ちていた。人間と云う生き物はいつも十戒に背いてばかりして生きている。

永井に若原雅夫、緑に月丘夢路が扮している。永井は浦上地区の緑の家に下宿していた。これからの学問、原子学・放射線学を勉強する。緑の熱心な誘いでカトリックの信者になる。科学医学は肉体は救えても、心までは救えない。心は宗教によって救われるという結論に辿り着いたからだ。ウィーン大のホルツクネヒト教授は放射線研究により指や腕を切断、キューリー夫人はラジウムの研究で全身癌に侵された。永井は命を懸けて研究する彼らの後に続こうとしていた。科学と宗教は矛盾しない。緑と結婚し、長女・茅乃を授かる。放射線を浴び過ぎてか、彼も白血病となり、あと三年の命と宣告される。そのあとのピカである。緑が先に旅立つも、彼は長崎の被害者たちを獅子奮迅の働きで治療し、焼け跡でミサを行い、人々を明るく励ましていく。だが病魔は彼の命を犯し、床に就いたままの日々となる。ある日、二人の幼い子に云う。「いいかい、良い事は隠れてするようにするんだよ。さあ、お祈りしよう」。永井はほんの小さな部屋（現・如己堂）で子たちに残す思いを書いて、祈り続けて逝った。

幼い頃から、藤山一郎の「長崎の鐘」を聴くと、なぜか背筋が伸び、涙が滲んできた。とくに、「なぐさめ　はげまし　長崎の　ああ長崎の鐘が鳴る」（作詞サトウハチロー）では、藤山も永井先生に成りきっているようで、身が心が浄化され、しっかり生きていかねばの気持ちにさせられた。

長崎の真実の無惨さを描けなかったのは、当時、ＧＨＱ（連合国最高司令官総司令部）からシナリオに相当手を入れられたからである。下手をすれば表層的な歌謡映画に陥るところを、大庭監督はＧＨＱの許可のもとで、頑張りぬいている。この「長崎の鐘」という名曲を一回しか挿入していない。それだけに切ないのである。平和を心から希求させられるのである。戦後七二年、生きていくことは常に涙ぐましい事だが、多くの方々の犠牲の上に今のこの平和はある。なぐさめ励まし合って、生きていきましょう。三度この地球上に「広島と長崎」を造りださないためにも。

ひろしま

〔原作〕長田新編纂「原爆の子～広島の少年少女のうったえ」より
〔監督〕関川秀雄〔製作〕日教組プロ、北星映画、一九五三年
〔出演〕月丘夢路、山田五十鈴、加藤嘉、岡田英次、岸旗江

延べ八万八五〇〇人もの広島市民が、あの広島の惨状を伝えようとエキストラとして参加した。広島出身の月丘夢路も所属会社松竹の許可を取り、ノーギャラで出演した。他の多くの俳優たちもノーギャラであった。スタッフもしかり、この映画はギャラの問題で作る映画ではない。スタッフとキャストと広島の人々が、反原爆という一つの目的に向かって、一丸となり手作業で作られている。ただただあの地獄を再現し、二度とこのような爆弾を使わないことを、使われないことを、世に示し、問うた作品である。人間と云う動物は、神にもなれば悪魔にもなる。喉元過ぎれば忘れていく、忘れさせないためにも、何度も観なおすべき映画である。伊福部昭の音楽も重く辛く切ない。

まるでドキュメンタリーである。ほとんどを広島でロケしている。惨状のすさまじさにおいては、「原爆

の子」（新藤兼人監督）を越える。

一九四五年八月六日朝八時一五分、テニアンから飛び立ったエノラゲイが、人類史上初の悪魔の原子爆弾を広島市民の頭上に落とした。米国は真珠湾とバターンの恨みと云うが、その何千万返しを一般市民の上に実行した。米国はこの作戦にトリックを使った。一晩中、広島をB29で空襲し、朝、空襲警報解除のあと密かにエノラゲイを広島上空に至らしめた。人々はやっとの解除で、防空壕を出て、朝食をすませ、仕事の用意に取り掛かっていた。

「Bよ、Bの音よ」「まだ警報出てないのよ」「でも、Bの音よ」。人々が不安気に空を見上げた瞬間、悪魔は炸裂し、あのおどろおどろしいキノコ雲が広島上空に屹立した。

三日後の九日、長崎にも悪魔は降臨する。両方で二〇数万もの何の罪もない人々が新型爆弾のモルモットとされた。米国がやったことは、ハーグ国際条約違反はもちろん、人類と平和に対する反逆であり、何より神をも恐れぬ残虐行為だった。

女学校の米原先生役を月丘夢路、必死で被爆した生徒たちを救っていくが詮無く、生徒たちは次々に死んでいく。広島の人々の演技力がすばらしい、迫真を越えて本物である。スクリーンの奥の奥まで、点描の人々までが手を抜いていない。こんなもんじゃない、もっと無残で残酷だったと必死の演技をしている。その姿を見るだけで心が打たれてしまう。閃光、熱線、黒煙、暗黒、劫火、家と云う家は木っ端みじん、溶けて消滅した死体、黒い丸太のように変わり果てた死体、焼けただれた死体、うずたかく積まれた死体、川になだれ込む人々、皮が溶けて垂れ下がっている。髪は焼け、服はボロボロ、火傷から体液と血が流れ、ケロイド、鼻血、狂う人々、阿鼻叫喚の地獄以上の地獄である。

女学校の生徒たちは「先生」「せんせい……」とみな呻いている。母を捜し求める幼女は、「お母ちゃん」「おかあちゃん……」と泣いて呻いて母を探している。母役山田五十鈴の演技が鬼気迫る。娘を求め「みちこ、みちこ」とすでに幽鬼である。町中、地獄の業火である。この無残、この悔しさ、この殺戮、この非人道、関川監督を始め、撮影スタッフが泣きながらこの作品を作っていることが伝わる。観ている筆者も胸が詰まり、涙が滂沱と止まらない。妻が家の下敷きになっている。夫(加藤嘉)独りの力ではどうしようもない。往来で助けを乞うが、皆、他人どころではない。「あなた、逃げてください、逃げてください、子を頼みます」と息絶える妻(河原崎しづ江)。ある小学校の避難所でやっと息子を見つけた夫(加藤)、息子はすでに息絶えていた。息子の遺体をおんぶして往来を為す術もなくさまよう。町は悲鳴、悲鳴、悲鳴、悲鳴。

あの日、キノコ雲の下に地獄があった。それぞれの人々の涙ぐましい蟷螂之斧的行為を描いた戦争犠牲映画の最高峰である。監督及び、全スタッフと、全俳優陣と、広島のエキストラの皆様に深甚なる敬意を表したい。

黒い雨

［原作］井伏鱒二
［監督］今村昌平［製作］今村プロ、一九八九年
［出演］田中好子、北村和夫、市原悦子、三木のり平、小沢昭一

今村昌平といえば、人間のはらわたを抉り出して見せるような作品が多いが、この映画は違う。「にあんちゃん」（一九五九年）以来の久々の正攻法で作っている。今村流の露悪もことごとく抑え込まれている。それだけ、井伏鱒二の原作に敬意を払っている感がある。

昭和二〇年八月六日午前八時一五分、ヒロシマの上空でピカは炸裂した。すべてを焼き尽くす四〇〇〇度の熱風が奔った。太陽の黒点と同じ熱である。昭和二〇年一二月までに推定一四万人もの人を非業の死に至らしめた。されども生きながらえた人も、次々に原爆症で命を落としていった。

姪の高丸矢須子（田中好子）、叔父の閑間茂松（北村和夫）、叔母の閑間シゲ子（市原悦子）三人は、地獄の広島に向かう。道中で「黒い雨」に合う。矢須子、二十歳の娘盛りの時である。みんな誰も、まだ原子爆弾のことは知らなかった。直接の被爆者でなくとも、放射性降下物を吸い込んだり、放射能を含んだ雨に濡れることで、体内に放射能は取り込まれ、体の組織や細胞を破壊していった。白血病、悪性腫瘍、心筋梗塞、甲状腺機能障害、肝硬変ほかありとあらゆる病状が現れた。これは病名であり、もっともっと辛く耐え難い

症状に苛まれていく。

叔父夫婦は矢須子を我が子のように可愛がり、心を砕いて育てていた。矢須子をきちんと嫁に出さないと、死んだ姉に申し訳がないと、必死で良縁の見合い相手を探す。話が成就するかと思いきや、ピカに合っているという噂が伝わり、話は成らない。黒い雨には当たったが、直接ピカには当たってないといくら弁明しても縁談は壊れていく。叔父の幼馴染たち、好太郎（三木のり平）、庄吉（小沢昭一）らも原爆病で死ぬ。妻（市原）も苦しんで苦しんで死んでいく。悲痛な野辺送りばかりが続く。

いよいよ矢須子にも症状が出始める。

髪の毛が抜け始める。お尻に皮膚病、できものができる。夜中に起き出して、庭のアロエを貪り食べるシーンは悲しく哀れである。鯉が効くと云われれば鯉を養殖し、アロエが効くと云われれば庭に植えた。最後は吐いて吐いて呻いて呻いて死ぬのである。ついに矢須子にもその日がやって来る。救急車に乗せられ、秋の稲刈りの終ったとしゃく（脱穀した稲を家の形に小積み上げたもの）の立つ田んぼの道を車は町の病院へと向かう。あれから花は咲き、木も茂り、稲も実るのに、放射能の被害は人間の体の中に棲み続け、命を奪っていく。

見送る叔父、もう助からないことは知っている。そして、すぐに自分にも症状が現れることも覚悟している。今も、風評被害、二次被爆で悩み苦しんでいる人たちが沢山いる。錚々たる役者陣で、ピカの二重被害、三重被害の悔しさ怖さを淡々と冷静に描いた名作である。

愛と死の記録

［監督］蔵原惟繕［製作］日活、一九六六年
［出演］吉永小百合、渡哲也、佐野浅夫、中尾彬、芦川いづみ

八月六日のヒロシマは、人口約四二万人中、一瞬で約一二万数千人の人が亡くなった。九日のナガサキは、人口約二四万人中、一瞬で約七万数千人の人が亡くなった。被爆後五年間で、ヒロシマは死者約二〇万人、ナガサキは約一四万人、今日まで、ヒロシマは約四〇万人、ナガサキは約二〇万人にも達している。一瞬で溶けた人、黒焦げになった人、大熱傷の人、ケロイド症状の人、そして多くの人が原爆症にさいなまれた。倦怠感、疲れやすい、体がだるい、根気が続かない、吐き気、下痢症状、熱傷からの痛み、病気にかかりやすい、抵抗力の低下、風邪を引きやすい、掛かれば重病化する。その上、風評二次被害、「ピカを受けた」だけで就職先は閉ざされ、縁談も破談となり、露骨な差別が始まる。

「愛と死の記録」(蔵原惟繕監督)は青春物の日活が、美しく楽しく将来のある、前途洋々な青春の中に、戦後二〇年希薄になり始めた原爆症問題を取り上げた。「もはや戦後ではない」と云われたのは一九五六年だった。それから一〇年後の作品である。被爆者に「もはや戦後ではない」と云った軽挙な言葉は当てはまらない。

アバンタイトル（プロローグ・シーン）がいい。沢山の鳩が飛んでいる。そして最後二羽になる。この二羽が、松井和江（吉永小百合）と三原幸雄（渡哲也）である。幸雄は印刷会社に勤める製版技師、和江はレコード店の店員。幸雄がレコードの弁償から吉永と知り合い健全なデートが続く。

ロケは主に広島市内と近郊、後半は相生橋から平和記念公園で行われている。峠三吉さんの「にんげんをかえせ」の詩碑も写る。デートの時、幸雄は時々、不穏なことを云う。「わしら、一〇年後…別々に…運命…君は誰かと…」

幸雄は自分の病と生い先が短いことを知っているようだ。二歳の時に被爆、原爆で両親を亡くし、親無し子で育った。印刷会社の上司岩井（佐野浅夫）が親代わりで後見している。幸雄が和江に会ってくれと頼むが、岩井は消極的である。幸雄がいつ発病するか分からないからだ。ある日、製版室で症状が現れる。足を引きずり出す、目がぼやける、焦点が定まらない、体がふらつく。原爆症による「再生不良性貧血」という病名が下される。多くの被爆者が、この病か、「白血球減少症」を発病した。造血幹細胞が放射能に侵されているからである。幸雄が和江に言う、「わしの体の中には放射能がおる。三〇〇レントゲンある」

岩井は云う、「（幸雄のことは）忘れてつかぁさい。あなたの長い将来の為に……」

和江の葛藤が始まる。

愛とは何？　そーっと遠ざかるんですか。愛情も打算ですか。愛とは愛、愛は無償でしょ。原爆病だからと見棄てられるものか。愛はそんなにガサツでも功利的なものでもない。どれだけ多くの広島長崎の若者たちが原爆症の為に身を退いただろうか。愛しているからこそ、身を退いたであろう。また相手も愛しているからこそ身を退けなかったであろう。身を退けない者同士の清く美しく深い愛である。

幸雄は苦しみながら息を引き取る。

和江は叫ぶ、「幸雄さんは、誰にも愛されちゃいけん人だったんですか」

原爆ドームの真下から空をにらむ和江。あの日、この上空で四〇〇〇度の熱線が炸裂した。和江も幸雄の後を追う。どこからともなくチャイコフスキーの「悲愴」が聴こえてくるようだ。

戦後二〇年たっても、戦争の被害はまだ続いていた。今も続いている。

第五福竜丸

［監督］新藤兼人［製作］近代映画協会、新世紀映画、一九五九年
［出演］宇野重吉、乙羽信子、田中邦衛、稲葉義男、原保美、殿山泰司

この映画は直接太平洋戦争とは関係ない。ただ戦前から「米国vsソ連」の核開発合戦の犠牲になり、戦後もまた唯一日本が水爆の犠牲になったことを伝えたい。一九五四年一月二二日、第五福竜丸の面々は妻子に送られ、マグロを求めて焼津港を出た。

見島漁労長に稲葉義男、無線長の久保山愛吉に宇野重吉。マグロを求めてミッドウェーへ行くが、マグロに遭遇しない、サメばっかりが揚がる。久保山が言う、「ここは打ち切って、南へ行くぞ」、マーシャル諸島ウェイク島の下、ビキニ環礁あたりを目指す。

徐々にカジキマグロが揚がりはじめる。三月一日、焼津を出て約四〇日が経っていた。夜、皆でデッキに出て海を見つめていた。すると遠くでピカッと光った。見る見るうちに水爆雲が上がり、悪魔のような気味の悪いキノコ雲となっていった。直ぐに白い灰が牡丹雪のように降り始める。久保山は「何だろな……」と灰を舐める。ビキニで米軍がブラボー作戦と云う水爆実験をしているなんて情報は一切なかった。

三月一四日、第五福竜丸は焼津に戻る。

皆、灰で真っ黒い顔になっている。二三名全員、体がだるくなり、食欲が無くなり、髪の毛も抜け落ち、顔は火傷の症状を呈していた。地元の記者が、「第五福竜丸がビキニでピカドンにやられた」の特ダネをつかむ。二三名全員が大量の放射能に被爆していた。ガイガーカウンターが「ガーガー」と鳴り響く。米軍の医師がアメリカから、広島原爆病院からも医師がやってくる。「死の灰」の主成分はストロンチウムと判明。

「ストロンチウムが身体に入ったら、金輪際出ねぇというからなぁ」

半減期でも二〇数年はかかると云う。全員、二班に分かれて、東大附属病院と東京第一病院へと移送される。悪い事にウラン237元素も入っていた。二二名の症状は徐々に落ち着いていくが、久保山だけが回復しない。遠洋で漁をする船仲間から、「クボヤマ、ガンバレ」の無線がひっきりなしに焼津漁港に入る。日本中からお見舞いと励ましの手紙が病院に届く。されども、日本国民八〇〇〇万の願いもむなしく、久保山さんは力尽き、四〇年の生涯を閉じた。米国は前年にソ連が水爆の実験を行っており、あせっていた。日本は世界で初めてヒロシマ、ナガサキで原爆の犠牲となり、やはり世界で初めてビキニで水爆の犠牲となった。今、米ロ所有の核弾頭は約一万五〇〇〇発あると云われる。二〇一六年、ロシアのプーチン大統領はクリミア編入時に「核使用」を考えたと発表した。同年五月のＮＰＴ（核不拡散条約）会議は決裂した。東西冷戦が終わって、二七年。今再び、核の危険性が増し始めた。北朝鮮の核保有もほぼ現実であろう。今、世界終末時計は核戦争まで後三分を差している。世界唯一の核被爆国日本は強く厳しく「ノーモア」を言い続けて行かねばならない。

6　戦後の難民となった引揚者たち

流れる星は生きている

［原作］藤原てい
［監督］小石栄一［製作］大映、一九四九年
［出演］三益愛子、三條美紀、徳川夢声、植村謙二郎

第二次世界大戦末期、昭和二〇年（一九四五）八月九日、ソビエト連邦（現・ロシア）が日ソ中立条約を一方的に破棄して満洲（中国東北部）へ攻め込む。一五日敗戦、その日から外地に暮す同胞六六〇万人の逃避行が始まる。筆者の家も中国からの引揚である。天津のタークー港からであり、まだ天津組は良かった。大連、葫蘆《コロ》島からの引揚組の辛酸苦労は筆舌に尽くしがたい。

とくに満洲奥地からの引揚は、虐殺、集団自決、凌辱、栄養失調、子らの放棄放置、この世の地獄であった。引揚者とは難民の事である。

この映画は藤原ていが戦後すぐに書いた自らの引揚体験記「流れる星は生きている」を原案として作られ

ている。当時、ベストセラーとなった。藤原の夫は作家の新田次郎であり、この映画にも登場する幼い次男のモデルが、「国家の品格」を書いた藤原正彦氏に当たる。藤原てい役は三益愛子、夫役は伊沢一郎、三益の映画の中の役名は藤村けい子となっている。

夫は満洲国観象台に勤めていたが抑留される。けい子は六歳の長男、三歳の次男を連れ、〇歳の長女を背負い、新京（現・長春）を脱出する。大連を目指さず、朝鮮半島を南下する。匪賊やソビエト兵に隠れての徒歩行である。当時関東軍はすでにもぬけの殻である。軍の情報は速く、軍関係者らは自らの家族を早々と内地に送り返していた。ここには国民を守るべき国も軍もないのである。飢餓、疲労、病い、雨嵐、泥濘の黄土の道を襤褸雑巾以下の姿で進む。浅瀬を選んでも、胸までつかる河を渡る。力尽きて流されていく母親や幼子がいる。でも、誰も助けられない。ただ朦朧と視ているだけである。一瞬後は我が身である。もう他人の事は考えられない。それぞの奥底にあった性悪説が露骨に現れる。エゴがむき出しとなる。同じ日本人が同じ日本人の食糧を盗む。自分さえよければいい、の哀しい状況が生まれる。恥も外聞もない餓鬼道に落ち込む。平和であれば皆知性があり教養があり、惻隠の情を持つ良い人たちであったろう人々が変貌する。この悲劇こそが戦争の結果なのである。

けい子はときに二日二晩眠らずに子供たちを促し移動する。心がくじけそうになると、夫の新京での別れ際の言葉を想いだす。「生きているんだよ、生きているんだよ」、この声を励みに死ぬ思いで南下を続ける。著作では、ついに三八度線を越え、米軍に保護され、釜山から博多へと引揚げている。映画では舞鶴となっている。

我が家は天津から仙崎に上がっている。筆者の母曰く、仙崎港に着いても防疫検査の為五日ほど湾内に留め置かれ、その間にこれからの暮らしに悲観して多くの人がやっと戻ってきたと云うのに海中に身を投げたと聞いた。

けい子は信州の遠戚を訊ねるが体よく送り出される。東京へ行き、民生局を頼り、引揚者寮へ入る。しかしここからまた生活と云う、引揚げに勝る厳しい現実が待っているのである。

戦後七二年、いくら軍を強くしても、いざという時、国も軍も国民を守らない。この事をしっかり肝に刻んでおかなくてはならない。

ビルマの竪琴

［原作］竹山道雄
［監督］市川崑［製作］日活、一九五六年
［出演］安井昌二、三國連太郎、浜村純、北林谷栄、西村晃、三橋達也

太平洋戦争の開戦後、ビルマ（現・ミャンマー）には、日本軍三〇万余名が投入され、約一三万七千名が戦病死した。その多くはビルマの山野に無惨な骸《むくろ》を晒された。

昭和一九年（一九四四）三月、日本は蒋介石国民党軍への連合国側からの補給路を断つために「インパール（インド北東部）攻略作戦」を始めた。この作戦は机上の空論の無謀な戦略だった。コヒマ（インド北東部）まではなんとか制圧したが、武器弾薬、食料、医薬品の補給がなく、多くの兵がマラリア、アメーバ赤痢菌

に侵され、栄養失調で脚気を患い、作戦は三か月で失敗した。

コヒマからの撤退は病いと餓え、その上の雨季の大豪雨、英国機甲部隊に追われ、草を食みながらの撤退で、死者の山を築いた。その多くはビルマ（現・ミャンマー）内で息絶え、この道を無惨にも「白骨街道」と呼ぶ。またフーコン河谷（現・ミャンマー北部）でも同じ悲惨な状況を呈していた。

この映画はまさにこの時の状況を描いている。赤い土のビルマが舞台である。音大出身の井上隊長（三國連太郎）率いる一個小隊は、井上の指導で日本の唱歌を美しく唄う。英軍に囲まれた村で敵を欺くために、「埴生の宿」を唄う。安井昌二が演じる水島上等兵はビルマの竪琴の名手である。これは英国の「Home、sweet Home」という名曲である。井上隊が唄うと、英軍からもお返しの歌声が響いてきた。日本も英国も皆、故郷に母や妻や恋人を持つ。何でこんなところで、弾を撃ちあっているのか、何のための、誰のための戦争かと考えさせられるシーンである。

戦争は終わり、井上隊は英軍の捕虜となる。まだ三角山の要塞に籠る三角山守備隊長（三橋達也）の部隊が降伏しない。水島上等兵は井上隊長と英軍から頼まれ、説得に向かう。三角山の部隊は降伏せず徹底抗戦で全滅する。下山し、水島は井上たちの待つ、ムドンへ向かうも、道中、蠅のたかった屍、鳥に啄まれている屍、蛆が湧き異臭を放つ屍の累々を見る。水島は悩む、このままにして日本に帰っていいのか。水島はここで自分の使命を見出す。全ての遺骸を葬ろうと決心する。井上以下皆は水島も一緒に日本に帰ろうと、ビルマの物売りのオバサン（北林谷栄）まで使って、オウムに「オイ、水島、一緒ニ日本へ帰ロウ」を教え込み、水島に届けさせる。水島もオウムで返答をしてくる。「アアヤッパリ、自分ハ帰ルワケニハ　イカナイ」と。捕虜収容所から日本へ帰る日が、三日後と決まる。皆、水島に届けとばかりに、収容所の金網越しに日本の唱歌を熱唱する。帰る前日朝靄の中、水島がビルマの少年を連れて現れる。兵たちは皆、歓喜して「埴生の宿」を唄う。やおら水島は竪琴を取り、「仰げば尊し」を返礼に奏でる。「今こそ別れ目　いざさらば」である。

復員船の甲板で、井上隊長は水島から託された手紙を読む。「私は帰る訳にはいかないのです。ビルマの山河に散らばっている同胞の遺骸を棄てたまま、帰ることはできないのです。草むす屍、水づく屍を葬りながら、この戦への疑念を持ちました。私は三角山で死んだのです。御霊の久安の場所をつくる為にビルマに残ります。おそらく生涯をここに果てるかと思います。」

過激な反戦映画でなく、心にしみじみと染みわたる反戦映画である。今もフーコン河谷をはじめ、ミャンマーには四万六千柱余の遺骨が放置されていると云う。

異国の丘

［原作］芹沢光治良
［監督］渡辺邦男［製作］新東宝、渡辺邦男プロ、一九四九年
［出演］上原謙、花井蘭子、浦辺粂子、田中春男

終戦から七二年が経ち、未だ終戦時、ソ連占領下の満洲、北朝鮮、樺太、千島から、シベリアに送られた抑留者の実数は不明である。厚労省の推計では、旧・ソ連（現・ロシア）による抑留者は一部モンゴルも含

めて約五七万五千名、このうち四七万三千名は日本に引き揚げたが、約五万五千名が死亡したと云われている。

『ダモイ（帰国）―シベリア残留の日本人』を著した小松茂朗氏（元・東京新聞記者）の調べによれば、約一〇〇万人がシベリアに送られ、一二〇〇ほどの収容所へ入れられた。

この映画が作られた昭和二四年五月、ソ連は次のような発表をしている。「本年五月までに日本人捕虜の大多数はすでに日本へ送還された」「なおソ連に残留する捕虜五万五千人」と続く。厚生省援護局の調べによれば、シベリアからの引揚総数は四七万三五六名で、シベリアにおいて死亡した者約二〇万名、するとあと約三四万名の消息は未だ不明のままである。

シベリアでの労働は、主には鉄道工事である。まず鉄路の路盤を形成する班、直径一メートルもの立木を伐採し枕木を造る班、レール敷設の班とに分かれていた。零下五五度の極寒、食事はコーリャン水粥、黒パン一かけら、みんなソ連兵に腕時計を奪われているから、一日の時間推移もよく分からない。厳しいノルマ、ノルマの日々である。ただ母に会いたい、妻や子に会いたいの一心で、ひたすらダモイの日まで、栄養失調ギリギリの体で辛いノルマをこなしていった。皆、南に飛んでいく鳥を見ては、俺もあの鳥になりたいと奥歯を噛みしめていた。

主演は、シベリアからの夫の帰りを待つ妻・久米子に花井蘭子、抑留されたままの夫・清に上原謙である。上原はヴァイオリニスト、幼い息子と娘がいる。臨時招集にてヴァイオリンを武器に持ち変え、応召していく。妻は夫の気持ちを汲み、息子にヴァイオリン、娘にピアノの教育をする。

終戦となるが、夫の音信は不明。先に引き揚げて来た戦友により、シベリアに抑留されていることを知る。引揚者氏名を放送する夕方のラジオに噛り付いているが夫の名はない。援護局から、「おたくのご主人はシベリアで病死した模様」と伝えられるが、妻は信じず、ひたすら生きていることを信じ続ける。国立大蔵病院にシベリアから帰還の人が多く入院していることを知り、息子を連れて慰問に行く。そこには、「異国の丘」（作詞・増田幸治）を作曲した吉田正（自ら出演している）も入院していた。皆に乞われて、息子はヴァイオリンで異国の丘を弾く。全員、シベリアに届けとばかりに腹の底より合唱する。

♪今日も暮れゆく　異国の丘に
友よ辛かろ切なかろ　我慢だ待っていろ
嵐が過ぎりゃ　帰る日も来る　春が来る
（作詞・増田幸治）

この映画はシベリア帰還に合わせて作られており、まだラーゲリ（収容所）の実態はよく判らないままに製作されている。よって強制収容所での過酷な労働のシーンはない。ただ内地でひたすら帰りを待つ家族を中心に描いたもので、合唱のシーンが映画の最高潮となっている。シベリアの惨状がつぶさに伝わるのはこれから後のことである。抑留者数も、死亡者数も、すべて推定であり、実際の数字は未だに不明と云っていい。捕虜とは体のいい言葉で、実際は奴隷だったと云っていい。最後、上原謙は亡霊のように引き揚げてくる。家族が再会することがせめてもの救いである。

抑留の全貌が未だ不明のまま、シベリアに戦後を生きた人たちの時代が終わろうとしている。

戦争と平和

［原作・脚本］八住利雄
［監督］山本薩夫、亀井文夫［製作］東宝、一九四七年
［出演］池部良、伊豆肇、岸旗江、菅井一郎

戦争が終わり、やっとの思いで復員し、故郷に戻ってみると、最愛の妻は、弟やはたまた他人の妻となっていた例は枚挙にいとまがない。

自分の幼い子も新しい父に懐いており、父とは打ち明けられず、「おじちゃん」と呼ばれている。妻が悪いわけではない、周囲が悪いわけではない。新しい夫が悪いわけではない。「戦死公報」が来ており、白い木箱に小石一個か、赤い土が入っていただけである。ひょっとして、としばらくは待ったであろう。しかし、乳飲み子を抱えての暮らしがある。食べていかなくてはならない。義弟の嫁になった話は多い。中には夫の父親、舅と一緒になっていた例もある。

そこに死んだものと思っていた夫が戻ってくる。夫の驚きと辛さは測りつくせない。妻もまた同じである。罪はないのに、申し訳ないという動揺が起こる。新しい夫もまた同じである。妻が元の夫の所へ戻るのではないかと、狼狽する。戦争が起こした、三すくみの心の地獄である。誰も悪くない、ただ戦争が悪いのである。起こした人間に責任があるのである。

おおむね、復員してきた夫が身を引く。それでも愛児の事はたとえ「おじちゃん」と呼ばれていても可愛い。働いては、なにくれとなく心配し、食料を届けたり、お金を妻に渡す。新しい夫はそれがおもしろくない。妻と元夫の間に何かあるんじゃないかと邪推し、嫉妬に狂う。二人の男の間で、妻の心はもっと痛ましく、両方を愛しているだけに、悲惨である。

小柴健一（伊豆肇）と伍東康吉（池部良）は幼馴染である。歳をとってからの予備役召集である。小柴は南方へ送られる船がアメリカの潜水艦にやられ、沈没する。伍東は負傷兵となり、戻ってくる。小柴の妻・町子（岸旗江）は入院中の伍東をなにくれとなく見舞う。そこに小柴の戦死公報が届けられる。幼い男児を抱えている。伍東はある日、「自分は坊やのお父さんに成れませんか。子供の時からの友達の自分なら、彼も許してくれると思うんです」と町子に求愛する。悩んだ末、葛藤の末に、町子は子供のためにと受け入れる。

戦後しばらくして、小柴が大陸から復員して来る。小柴は妻子を求めて、焼け野原の東京中を捜し回る。隅田川べりには「不詳の墓」と書かれた卒塔婆が林立している。「上野の浮浪児たち」「夜の女たち」「ＧＩにぶら下がるパンパン」「行き倒れの復員兵士たち」を見る。あの美しい山、美しい川、美しい町並み、美しい街路樹、美しい心の人々はどこにも居ない。荒廃しきり、目は野良犬のようにギラギラし、身寄りはなくさすらい流れて、皆、路傍にふさぎ込んでいる。伍東は戦闘中の戦車や弾丸の音、東京大空襲の焼夷弾の雨あられがフラッシュバックし狂う。やっと、小柴は妻を見つける。逃げる妻、妻はすなおに喜べない。すでに伍東と云う夫がいるからである。「あなた、生きてらしたのね。あなた、あたしたち結婚したんです」。伍東は狂っており、軍人勅諭ばかり唱えている。「あたし、ずい分待ったんです。どうしようもなかったたんです。堪忍して下さい」。

妻は悪くない。誰も悪くない。悪いのは戦争を決定した人間たちである。命令を下した人間たちと、「戦争そのもの」である。こんな悲劇が戦後の日本で多く繰り広げられた。

7　最大の戦争犠牲者・女性と子供たち

サンダカン八番娼館　望郷

［原作］山崎朋子
［監督］熊井啓［製作］東宝、一九七四年
［出演］田中絹代、栗原小巻、小沢栄太郎、高橋洋子、田中健、水の江滝子

この映画は直接「従軍慰安婦」を描いたものではない。

だが、従軍慰安婦の発案は、「からゆきさん」にその想を得ている。からゆきさんとは、明治から大正時代、家が貧しくて、親・兄弟の為にと娼妓となって東南アジアに渡った女性たちの事である。「唐行きさん」と書く。主に長崎県島原半島や、熊本県天草諸島の女性が多かった。「島原の子守唄」の四番を紹介したい。

♪　姉しゃんな　どけ行たろうかい　姉しゃんな　どけ行たろうかい　青煙突のバッタンフル　唐はどこん

在所（ねき）　唐はどこんねき　海の涯（はて）ばよ　しょうかいな（略）
（作詞・宮崎康平）

昭和七年（一九三二）三月一四日の「岡部直三郎大将の日記」がある。当時は、上海派遣軍高級参謀であった。「この頃、兵が女捜しに方々をうろつき、いかがわしき話を聞くこと多し。これは、軍が平時状態になるだけ避け難きことであるので、寧ろ積極的に施設をなすを可と認め、兵の性問題解決策に関し種々配慮し、その実現に着手する」（「従軍慰安婦」吉見義明著、岩波新書より）

この理由としては、①将兵の性欲の解決②性病の予防③殺伐気風の緩和等であった。上海事変で海軍が先に慰安所を設置し、陸軍がこれに続いた。大義は「軍隊防疫上の必要」とあるが、実際はあまりに強姦事件多発のために発案された。海軍では彼女たちを「特要員」と云い、陸軍では「慰安婦」と呼んだ。軍は中国大陸から、東南アジア一帯、千島樺太にまで慰安所を造った。

この映画の原作は山崎朋子氏、からゆきさんとサンダカンは彼女の生涯のライフワークであり、渾身の作である。取材を続ける山崎に栗原小巻、取材される元からゆきのおサキさんに晩年の田中絹代である。田中には「西鶴一代女」「楢山節考」「風の中の牝鶏」と名作があるが、若き日に負けない素晴らしい真演だった。

おサキの若い日を高橋洋子が演じている。天草→基隆（台湾）→香港→北ボルネオ→サンダカンまで、船を乗り換え売られていく。最初は小間使いとして売られてきたが、初潮を迎えると店に出される。海軍が入港したりすれば、一晩に三〇人もの客を取らされたと聞く。サキ（田中）が云う、「これほど辛か稼業はなか、腹痛のときも…頭が痛いときも…月の物のときも…」。サキは貧しい天草の母や兄の為に覚悟を決め、数多の客を取り仕送りをし、借金を返してやっと故郷に帰った。母はすでに亡く、兄は所帯を持ち、妹（おサキ）のお金で立派な家を建てていた。しかし、「外聞の悪かとたい」と妹を邪険に扱う。サキは泣くだけ泣いて、自棄になり満洲へ行く。敗戦となり、また故郷に戻り、便所もない百足の巣のようなあばら家で、捨て猫七匹と息を殺して暮らしている。従軍慰安婦たちも同じような人生を送ったのではないか。戦争の皺寄せはいつもいつも弱く貧しい女たちの上に重く過酷にのしかかる。

夜の女たち

［原作］久板栄二郎
［監督］溝口健二［製作］松竹、一九四八年
［出演］田中絹代、高杉早苗、浦辺粂子、毛利菊江、玉島愛造

昭和二三年（一九四八）、巨匠溝口監督は敗戦後、夜の女に堕ちざるを得なかった女性たちを、大阪新世界裏にロケし、田中絹代を主役に描いた。

昭和二〇年八月一五日、日本はポツダム宣言を受諾し無条件降伏をした。その三日後、内務省警保局は地方長官あてに占領軍（主に米軍）のための性的慰安施設を設けるよう指示した。同八月二六日東京銀座に特殊慰安施設協会、ＲＡＡ（レクレーション＆アミューズメント　アソシエーション）が開設された。これは国策の占領軍用売春施設で、内務省、大蔵省、外務省、警察庁等で立案実施された。同九月四日には新聞に慰安婦

募集の広告を行った。つい三週間前までは「鬼畜米英」と教え、今度は大和撫子たちに敵の性の相手をしろと云う。国とは情けなくもそんなものである。

戦後、女性の職が有る筈もなく、応募は多かった。夫を戦争で亡くした者、大陸で引き揚げの際に凌辱を受けた者、空襲で家を焼かれた者、親兄弟親族を亡くした者、生活困窮者、やむを得ない選択としてこの仕事に就いた。同時に公娼のみならず。私娼も増えていった。米兵たちの非道なレイプ事件も全国で続発していたが、敗戦国の警察では取り締まり様もなかった。自棄になった女性たち、ひもじい女性たち、「三日も食べなきゃ、淫売するさ」と開き直る。誰が責められよう。

映画は大阪が舞台である。大和田房子（田中絹代）は戦地からの夫の復員を待っていたが、夫の消息は分からない。ある日、シベリアから復員の同僚兵から知らせがあり、彼の勤務先を訪ねると、夫は亡くなったと形見の品を渡される。その会社の社長が「困ったことがあったら、相談に乗りますからね」と猫撫で声を掛けてくる。房子は忘れ形見の男児をも栄養失調から来る小児結核で亡くす。結局は食べていけずその社長を頼るも、事務員と云いながら妾にされていた。大阪戎橋のところで偶然、妹の夏子（高杉早苗）と会う。大陸から引き揚げてきたが、両親は栄養失調で死に、自分も食べていく術がないと、房子のアパートに転がり込んでくる。社長は姉から妹へ鞍替えする。房子は妹を責めるが、「私はもう駄目なのよ。私の体は引き揚げの途中でメチャメチャにされてしまったのよ。もう二号でも何でもなるわ」と、姉に捨て鉢な台詞を吐く。房子も生きていく術を無くし、阿倍野（大阪）で夜の女に堕ちていった。房子の人相も服装も髪型も険しく変貌していた。

すっかり夜の女である。「男という男に、病気移して復讐したンねん」。妹が梅毒を移され、しかも妊娠していることを知った房子は、社長の所へ乗り込む。「何を言ってんや、若い後家はんで食うことも困ると思うて、世話してやったんや。こちとら、功徳と思ってやってんや」と開き直る。いろいろな男に騙され堕ちていった姉妹は、千里山婦人保護寮「希望の丘　光の家」に保護される。院長が言う、「男に復讐して、君は勝ったのかい、何か残ったのかい」。妹にも言う、「何も貞操を犯されたからと云って、メチャメチャになったって、何も生まれやせんよ」。

巷では菊池章子の「星の流れに」が捨て鉢に唄われていた。♪こんな女に誰がした、それもこれも総て戦争の所為である。

鐘の鳴る丘

［原作］菊田一夫
［監督］佐々木啓祐［製作］松竹、一九四八〜四九年
［出演］佐田啓二、英百合子、菅井一郎、徳大寺伸、飯田蝶子

昭和二〇年（一九四五）三月の東京大空襲は約一〇万の無辜の民を殺め、約一二万もの戦災孤児をうみ出した。戦災孤児たちの戦後の生きてきた苦しみは、筆舌に尽くし難い。親を亡くし、兄弟身寄りを亡くし、突然の天涯孤独に襲われた。幼い身を頼るべき親戚すらなく、あっても邪魔者扱いとなり、孤独に耐え、泣く涙もなく、人に追われ、大声で叱責され、飢餓とひもじさに世を恨む。なぜ一緒に死ねなかったんだろ

う。なぜ一緒に連れて行ってくれなかったんだろう、生きているよりも死ぬことの方が安らぎと思いながら生きてきた。

戦後、東京で云えば上野駅の地下道やお台場に起居し、誰も助けてはくれず、孤児同士身を寄せ合って生きてきた。靴磨きをしたり、古新聞紙を売ったり、人間として扱われず、「野良犬、ドブネズミ、バイキン」とまで言われて蔑まれた。政府は「浮浪児」という言葉を使い、社会は「みなし子」という愛の無い言葉を使った。浮浪児とは、寝るところがなくさまよい歩く子と規定している。警察は「刈り込み」を行い、施設へと入れたが、施設とは名ばかりで、逃げぬように敷地は金網で巻かれ、窓には鉄格子があり、まるで檻であった。

「鐘の鳴る丘」はまず昭和二二年七月にNHKラヂオから始まった。昭和二三年に松竹大船が佐田啓二を主演に映画化した。三部作である。佐田の役は加賀見修平、復員してきて東京の孤児たちの惨状を見る。何とかしなくてはと、故郷の信州穂高等々力町に、とんがり帽子の時計台を持つ「鐘の鳴る丘」を造る。親を失い、野宿、ガード下暮らしの子供たちの安住の場を作りたいと、加賀見は博愛の情熱をもって奮闘する。

映画の冒頭に、「謹んでこの一篇を　フラナガン神父の霊に捧ぐ」と字幕が出る。続けてもう一つの字幕が出る。「終戦後—浮浪児と呼ばれる　親もなく家もない　哀れな子供たちが巷に溢れていた　加賀見修平は都会の悪に虐げられ歪められている浮浪児たちを　清く明るい生活に導こうと思い立ち　彼の故郷—信州の緑の丘の上に少年の家を造った　高原に秋が来て—少年の家に救われた子供たちの上にも漸《ようや》く幸福が訪れようとしている」。フラナガン神父とは、エドワード・J・フラナガン、一九一七年に米国ネブラスカ州オマハに「少年の家」を造った先達である。昭和二二年に来日し、「赤い羽根共同募金」他、日本に多くの示唆を施した。加賀見は孤児たちが非行化せぬよう、窃盗団や暴力団の手先として使われぬよう、教育をうけ、人間的な暮らしができるように多くの壁にぶつかりながら、「鐘の鳴る丘」の充実を図っていく。野良犬、野良猫のように扱われ、荒んだ子供たちの心に愛の灯火を点していく。親を殺され、幼心に地獄を味わった子供達である。誰の所為なのか。孤児たちに罪があるのか。戦争で人生を狂わされてしまった子供達。誰の所為なのか。孤児たちに何の罪もない。孤独と人間不信を癒すのは、「人間らしい暮らしと愛情」しかない。「とんがり帽子」の唄が今も脳裏で木霊する。

♪ 昨日にまさる今日よりも　明日はもっと幸せに（詞・菊田一夫）

キクとイサム

〔原作・脚本〕水木洋子
〔監督〕今井正〔製作〕大東映画、一九五九年
〔出演〕北林谷栄、高橋恵美子、奥の山ジョージ、清村耕次

戦後、進駐軍による占領時代の落し子として、多くの混血児が生まれた。パール・バック財団の調査では推定二〜三万人と云われている。

当時は、「GIベビー」「混血児」「あいの子」と呼ばれ、苛めを受け、蔑まれ、差別された。なぜ苛められなくてはならなかったのか、肌の色が違うからか、目の色が、髪の色が違うからか。或る混血児の言葉が

ある。

「戦争さえなければ、私たちは生まれて来ずにすんだ。なぜ日本人は私たちを苛めるの？　戦争に負けたから？　私たちだって、生まれて来たくはなかった……」

一九四八年、沢田美喜が祖父岩崎弥太郎の大磯別邸を買い取り、ここに「エリザベス・サンダースホーム」を造った。親に棄てられた混血児たちを集め、収容し、学校に上げ、養育を始めた。あまりにも学校で苛められるので、沢田はホームの中に、小中学校さえも作った。それほどの差別と苛めがあった。

映画の舞台は、会津磐梯山の麓の村である。主役は黒人との混血児「キク（高橋エミ子）とイサム（奥の山ジョージ）」である。二人を乳飲児の時から引き取り育てているのは、おばあちゃん（北林谷栄）である。産んだ母親の事は出てこない。産み落としてからおばあちゃんに預け、まだ街の盛り場で働いているのか、たまには仕送りでもしているのか、その辺りには一切触れない。キクは六年生、イサムは四年生、キクは体も大きく腕力もあるから表立っては苛められていないが、イサムは「クロンボ、クロンボ」と苛められている。

ある日、キクは町へ野菜を売りに行く。町中の人々から好奇の目で見られる。自分はばあちゃんの孫で日本人と思っていたのに、そこでキクは何かが違うことに気付く。肌の黒さを落とそうと、一生懸命に石鹸をつけて肌をこすり続ける行為がいじらしく泣ける。ばあちゃんは町の病院の院長先生に相談する。先生はアメリカの家庭への養子縁組の制度があるから紹介しようと云う。キクはアメリカへは行きたくなかった。ばあちゃんのそばが良かった。初めて村祭りに行った時、祭りに来ていた人々は見世物小屋よりも、二人にたかり囃し立てた。小さな学校で苛められ、広い世間ではもっと奇異に見られた。

外務省から連絡が来て、イサムはアメリカの農園主に引き取られることになった。別れの日、イサムは「おら、行くのやだ」と拒み、「姉ちゃーん、ばあちゃーん」と身も世もなく泣きわめいた。キクもイサムの乗った汽車をワァワァ泣きながら追いかけた。日本に居ても針のむしろ、せめてアメリカの家が良い家であればと願うばかりだ。キクもいろいろあって、納屋で自殺未遂をするのだが、ばあちゃんに「キク、バカタレ」と叱られ、「お前をどこにもやんねぇ」と抱きしめられる。

混血児、今では「ハーフ」と世間は言う。戦争の落し子たち、辛い戦後を差別の視線を浴びて生きてきた。この子たちに何の罪もない。戦争は破壊と命の遣り取りだけではない。戦後もまた多くの不幸を生み作り出す。

日本の悲劇

［監督］木下恵介［製作］松竹、一九五三年
［出演］望月優子、桂木洋子、多々良純、田浦正巳、佐田啓二、高橋貞二、上原謙

敗戦後、町には復員兵、浮浪児、街娼婦、傷痍軍人、ニコヨン（戦後の日雇い労働者の呼称）、ヤミ屋が溢れた。家は焼けており、皆、バラックで暮らしていた。国中が難民だった。痩せこけ、食べる物はなく、ひもじさに餓えていた。新聞には戦争未亡人たちが将来をはかなみ、幼い子連れでの心中記事が連日載った。配

給だけでは栄養失調で餓死は見えていた。法を守り通した山口良忠判事（東京地方裁判所）は餓死をした。経済警察はヤミ屋を追い、米を取り上げた。マーケットに行っては、「酒は出しよらんじゃろうな」と店の隅々まで見回して凄んでいた。お金さえあれば、粥や芋や麦飯でなく、「銀シャリ」が食べられた。敗けて得たものは、「この世は金だ」という負の金科玉条だった。

約三〇〇万人余の人が亡くなり、町中B29に焼かれ、日本の精神は無惨に荒んでしまった。映画の冒頭、木下監督は「日本人のすべてが暗黒の坩堝に落とされた。」とメッセージした。町では、宗教、キャバレー、株、パチンコ、米兵がパンパンを連れて歩く。子供たちも学校で教科書に墨を塗らされ、「先生は今まで嘘を教えていたんですか」と質問すると、「先生も被害者なんだ」と開き直った。青空教室、二部授業（教室が足りず、午前と午後に分けての授業）、伏せ宛てばかりの服、弁当の無い子が多く、水道水が弁当だった。

熱海が舞台である。夫を亡くした母（望月優子）は幼い娘と息子を育てるために、温泉旅館で仲居として働いている。子供二人を義兄家族に預け、必死で仕送りをしているが、ほとんどのお金は義兄に取られ、二人淋しく暮らしている。ある日二人は、あまりの辛さに母が働いている料理屋へ行くが、そこで見たものは酔客と戯れる母の嬌態だった。母はカツギ屋（闇米など食料を運んで売る人）をやり、警察に追われる屈辱の日々の中、子供たちを食べさせ、仲居をやり、一時は妾もやっていた。時々は子供たちの顔を見に訪ね、飯屋で親子丼を食べさせる。娘が言う、「お金さえあれば、何でも食べられるのね」。母の口癖、「とにかく、しっかり勉強して偉くなって、今に見返してやりゃいいのよ」。こうも言う、「ほんとうにお金が欲しい。食べていく、大学へ行かしてやりたい、英語をやりたいと云えば塾へもやってやりたいし、お金がかかるのよ」。弟はふしだらな母を憎み、世の中を憎み、ドライに自分の将来だけを考え、とことん勉強を始めた。

そして、医大に通る。弟は汚らわしい母を棄てるために勉強した。敗戦、学問までが世間を見返すための復讐の道具になっていた。

弟は母の許可も受けず、東京の大病院の養子に入り、姉は母への腹いせのように英語塾の妻子ある先生と駆け落ちした。「お母さんは僕を偉くして、後で楽をしようと思ったんだろう」「お母さんをバカにしないでおくれ」「僕はあなたをお母さんなんて思いたくもない」。食べさせるために必死で頑張り、仕送りして学問を身につけさせた子供にバカにされた。こんな辛い悲しみがあるだろうか。母は東京からの戻り、熱海の駅のプラットホームで、長い長い逡巡の末、入ってきた電車に身を投げた。戦争が無ければ、夫が生きてさえいればこんな悲劇も起こらなかったろう。戦争は美しい日本人の心まで殺してしまった。

どっこい生きてる

［監督］今井正［製作］新星映画社、前進座、一九五一年
［出演］河原崎長十郎、飯田蝶子、中村翫右衛門、岸旗江、河原崎しづ江

戦争に負けて、女はもちろんのこと、男たちにも仕事がなかった。町には失業者が溢れ、皆、今日をどうやって食べて行こうかと、思案投げ首だった。戦後、物心ついたころの駅の周りを思いだしてみたい。地方の小さな町ならば、駅前にロータリーがあり、ビニール母衣《ほろ》の掛かった二人乗りの輪タクが客を待ってい

た。車はタクシーと呼ばず、ハイヤーと呼んでいた。折りたたみの床几に座った宝くじ売りのオバサンがいて、その横には三～四人の傷痍軍人がアコーディオンで「天然の美」を奏でている。屑ひろいのバタ屋の男が大きな篭を背負って俯いて歩いている。駅前食堂があり、大きな大陸鞄を持った顔色の悪い営業の男たちがライスカレーを食べながら、次の汽車を待っている。駅前食堂の隣には貸自転車屋があり、その向こうにはパチンコ屋、パチンコ屋の二階はビリヤード場で、窓ガラスに交差したキュウと、紅白の玉が描かれていた。駅舎の隣に日本通運があり、馬車やオート三輪が出入りしている。日通のオジサン達は日通縛りと云うのか、器用に荷物を荒縄で結わえている。駅舎の反対側にはチッキを受け付ける窓口があり、その横に駅交番があった。駅前広場は引揚者マーケットで、三坪くらいの飲食屋が立ち並んでいる。夕方になると、ニコヨンのオジサンたちが一日の稼ぎ二四〇円を持って、食事にやって来る。パチンコ屋の入り口にアロハシャツを着た愚連隊のニイサンたちが屯している。皆一様に額をM字に剃りこんでいた。

そんな時代の映画である。職がなく、ニコヨンだけでは女房子を養いきれない、オドオドとした世渡り下手の男・毛利に河原崎長十郎、開き直ってふてぶてしく生きる男・花村に中村翫右衛門。ニコヨン仲間の女リーダー秋山の婆さんに飯田蝶子という布陣である。失業対策事業の労働者たちを描いた作品で、敗戦後の混乱した社会、男も女も僅かな仕事を求めて右往左往している。毛利は家賃を払えず、貸間を追い出される。女房子供を自分の田舎に返す。持っている僅かな金も木賃宿で盗まれる。盗まれた方がドジな時代である。花村の誘いで鉛管切り窃盗の加勢をし、警察に捕まる。女房子供は田舎で邪険にされ、いたたまれず再び上京して来る。毛利は一家心中を思い立つ。この世の別れに、女房子供を連れてなけなしの金で遊園地に遊ぶ。ふとしたはずみに子供が遊園地の池に嵌り溺れる。一家心中を考えていた男が、必死で子供を救い上げる。辛い救いのない映画だが、毛利は本能的に助けた子供の命の尊さと親の責任に気付く。生きて行こう、もう一度死んだ気で出直そうと考えを改める。

最終シーンがいい。毛利は朝まだきから、誰よりも早く良い仕事を得ようと、職業安定所の前にやって来る。陸続と多くの毛利たちが集まり列をなす。「死んでたまるか」「どっこい生きてやる」である。敗戦時の日本の民衆の姿を如実に現した名作である。それにしても、戦後の新聞を見ると何と一家心中の多い事か……。

大地の子

〔原作〕山崎豊子
〔演出〕榎戸崇泰、松岡孝治、潘小揚〔製作〕NHK（七〇周年記念番組）、一九九五年
〔出演〕上川隆也、永井真理子、朱旭、仲代達矢、田中好子、牟田悌三、宇津井健

一九四五年八月九日、くしくも長崎原爆の日に、ソ連軍は日ソ中立条約を破棄し、満洲へなだれ込んだ。日本国民を守るべき関東軍はすでに朝鮮国境あたりまで下がり、軍の家族は卑怯にもすでに先に内地へ帰していた。

満蒙開拓団の人々は汽車もトラックもなく、「自力脱出せよ」の命で徒歩で南下を始めた。夫や若者は現地召集で戦野に駆り出されており、開拓団は老人と女性と子供、赤子たちの集団だった。国民を守らぬ関東

軍は敵前逃亡したと云ってよい。民間人を守らず、わが家族だけを守る。とても武人とは云いがたい。

満蒙開拓団は一九三六年廣田弘毅内閣の時に日本の国策として移民入植政策が始まった。三二万人もの開拓民をあおり、満洲の地に送り込んだ。国の政策でありながら、結局、国家は無責任にもこの人々を守らなかった。二階に上げるだけ上げて、ハシゴを外したのである。ソ連兵や匪賊に襲われ、歩き疲れ、食べる物もなく、五歳以下の子は殺せと命令を出し、老人たちは姥捨て山の如くに道端に置き、川を渡るとき幼子が流されても助ける力もなく、飢え、栄養失調、病い、その上、ソ連兵の暴行、略奪、殺人は続き、特に強姦は惨たらしいものであったことが多くの書籍に記述されている。凌辱を受けるくらいならと、集団自決で数多くの人々が自らの命を絶った。

親を亡くした子等は「小日本鬼子」と呼ばれ、拉致されたり、人身売買されたり、中国の家の労働力、はたまた少し大きい女子は中国人の妻として連れられて行った。

ＮＨＫ「大地の子」は映画ではないが、満洲の大地に置き去りにされた「中国残留孤児」たちの無念さに思いを馳せ、あえて書かせていただきたい。

母・松本タキ（田中好子）と祖父・松本耕平（牟田悌三）と、七歳の勝（か）っちゃん（兄）と五歳のあっちゃん（妹）、母の背にはもうひとり乳飲み子がいる。夏の雨の中、泥の道を進む。「軍は先に逃げた、わしら、軍に見棄てられたんじゃ」。息も絶え絶えの祖父が皆に謝る。「一家あげて、お国の為にと思って満洲開拓を決めたが、こんな生き地獄にさせてしもうて」。道中、多くの人々が集団自殺している。やっと佐渡開拓団の地へ辿り着くも、そこにソ連軍がタンクで侵攻し、機銃掃射で皆殺しにする。七台屯で中国人たちに仕分けられ、妹は隣村の男が連れていく。これが妹アッコ（あっちゃん）との長き別れとなった。

勝っちゃんは、妹がハルピンに売られたと聞き、折檻とリンチの家を出奔し、貨物列車に乗り、長春まで行く。日本人の子は高く売れるからと、人さらいに遭い、売られている最中に陸徳志（朱旭、中国の名優）先生に助けられ、陸家の子となり、名を「陸一心」と授けられる。一心に当時、演劇集団キャラメル・ボックスの新鋭役者上川隆也が抜擢された。

中国人社会において、日本鬼子の扱いは極めて差別が強く、一心は苦労苦労の連続である。成績優秀で大連鋼鉄学院を出ると、製鉄の世界に身を置く。嫉妬の上の誹謗中傷は続き、スパイ容疑をかけられいつも損な役に回される。今と過去のカットバック方式でドラマは進められる。

ちょうどその頃、日中国交回復で「中国残留孤児の父」と呼ばれた山本慈昭（日本人孤児の肉親探しに生涯をかけた長野県の僧）らの懸命の努力で孤児探しが始まった。ドラマでは山本に藤木悠が扮している。孤児たちは口々に言う、「一目でもいいから会って、父と母に抱きしめてほしい」、わずか一三年間の幻の満洲国の被害者たちである。

ついに移動医療団で看護師長をしている一心（上川）の妻から妹らしき女性の消息が入る。その女性は三九歳、一心の妹と同じ年だ。結核性膵臓炎でもう幾ばくももたないだろうと聞く。孤児たちは逃げて逃げて、売られて、こき使われ、折檻され、ろくに食べさせてもらえず、やせ細り、父や母を乞いながら栄養失調で病死していた。一心は妹アツコと会う。極貧中の極貧のあばら家の農家に居た。もう余命いくばくもないというのに、牛代わりに必死に畑で鋤を引いている。妹に永井真理子が扮している。アツコは見る影もなくやせ細り、兄にしがみついて泣きじゃくる。死相の浮かんだ顔をしている。猫の名を「タマ」、子犬の名を「シーロ」、兄の名を「カウチャン」、つまり勝っちゃんとおぼろげながら覚えていた。ここの兄妹再会のシーンは涙なくしては見られない。「兄ちゃん、日本へ帰ろう、父ちゃん、母ちゃんに会いたい。父ちゃん、母ちゃんや国を死ぬ前に見たい……」

いよいよアツコが危ない、兄は必死で体をさすり温めるも、息を引き取る。兄・一心の渾身の絶叫が空しく響き渡る。

満洲引揚げ途中、約二〇万人もの人が荒野に命を落とした。約二七〇〇人もの孤児が大陸の大地で牛馬以上の苦労をした。誰がそうさせたのか。国は国民の命を最後のところ、守りはしない。

8 誰のための国家なのか

日本のいちばん長い日

〔原作〕大宅壮一
〔監督〕岡本喜八〔製作〕東宝、一九六七年
〔出演〕三船敏郎、山村聰、高橋悦二、島田正吾、志村喬、笠智衆、宮口精二

昭和二〇年七月二六日午前六時、連合国側からのポツダム宣言を傍受した。「日本に対し、今時の戦争を終結せしめる機会を与える」として、八項目の条件が付記されていた。翌二七日、内閣閣議が行われた。陸軍第一線からは、ポツダム宣言に反対の意を示すよう、多くの電報が大本営に届いていた。鈴木貫太郎総理（笠智衆）はポツダム宣言を「黙殺」の言葉で全世界に伝えた。連合国側は「黙殺」を、無視「拒絶」と捉え、間髪をおかず広島、長崎等の強い攻撃に移った。事ここに及び、鈴木総理は「戦争の継続は不可能」の意思決定をする。戦争指導者会議では結論を得ず、閣議に移った。阿南惟幾

陸軍大臣（三船敏郎）は、①天皇制の護持、天皇の地位の保証②日本本土占領軍はできるだけ小範囲小兵力で、短期間であること③日本軍の武装解除は日本人の手で行う④戦争犯罪人の処置は日本人に任せる。この四条件を入れざれば、あくまで戦争を続行し、本土決戦を行うとの意思を示した。米内光正海軍大臣（山村聰）はすでに事実上の敗北を認め、海軍省を自分の意思で纏めていた。激論三時間、最後は御前会議にて昭和天皇陛下（松本幸四郎）にご裁断を仰いだ。

「これ以上、戦争を継続することは、我が民族を滅亡せしめることになる。速やかに終結せしめたり」

阿南は陛下の大御心に添うべく一人砕心するが、陸軍省の若手幹部等が「一億玉砕、本土決戦」を激しく言い募る。阿南は陸軍省の無条件降伏を纏めるべく、閣議の場と陸軍省を何度も何度も往復する。「不服の者は、この阿南を斬れ」とまで言い放つ。戦争は一度始めると、もう誰にも止められない。陸軍省軍事課は阿南に極秘裏に動き、近衛師団や東軍等を巻きこみ、戦争継続へと動き出す。日本陸軍が起こした戦争である。大本営は「勝った勝った、また勝った」と嘘の情報を流し続けた。神州日本、「今に神風が吹く」と国民を騙し続けた。また、今降伏することは、祖国の為に死んでいった三一〇万余の人々に申し訳が立たない、彼らを犬死にさせてはならないの論理をも掲げた。

鈴木総理は、「今を外してはいかん、戦争の始末は今つけねば、ソ連は北海道まで来るだろう」

八月一四日午前一〇時五〇分、「第二回御前会議」、ここで陛下は再度「戦争終結」のご聖断を下した。密かに陛下の玉音を録音する。陸軍は最後まで放送させまいと、玉音盤の争奪に足掻き蠢いた。大御心派 vs 本土決戦派の攻防が深夜まで繰り返されたが、一五日正午、陛下の放送は無事に成った。もし本土決戦などと云う無謀な行為に到れば、あと幾百万の無辜の命が犠牲になったことか。陸軍に国体（天皇制）の護持はあれども、国民の護持はなかった。陸軍の日清日露の栄光からの、張り子の虎の如き矜持が国民をこの惨憺たる事態にまで引き摺り込んでいった。戦争というものは、いったん引き起こされると、地獄を見ても辞められない狂気を作り出す。

私は貝になりたい

［原作］加藤哲太郎「狂える戦犯死刑囚」より
［監督］橋本忍［製作］東宝、一九五九年
［出演］フランキー堺、新珠三千代、藤田進、加東大介、水野久美

戦後、A級戦犯はある意味戦争立案遂行者であるから、その責は負わねばならない。だが、上官の命令と云うだけの行為で、多くのB級C級戦犯が挙げられていった。

A級は巣鴨プリズンであったが、B、C級は横浜、上海、シンガポール、ラバウル、マニラ、中国各地他五〇余か所に捕縛され、現地の簡単な軍事法廷での裁判で約一〇〇〇名余の兵隊たちが異土で処刑された。

B級C級、とくにC級は下士官、兵士、軍属たちの戦犯呼称であり、「人道に対する罪」、具体的に云えば捕虜への虐待、処刑、奴隷化の罪で裁かれた。「私は貝になりたい」は、陸軍中尉加藤哲太郎の手記「狂える戦犯死刑囚」をもとに、この映画の監督をした橋本忍が多くの話を調べ上げ、冤罪戦犯の無念を世に伝えるべく創り上げた映画である。主演のフランキー堺は命をこめて巧演した。

高知で、清水豊松（フランキー）は女房・子供を養いながら、散髪屋を営んでいた。長く厳しい修行を終え、やっと妻・房江（新珠三千代）と念願の店を持ち、子も授かり、夫婦相和して、明るく元気に商売に精を出していた。そこに赤紙が来る。入隊する豊松、だが妻子の事が心配でならない。自分がいなくて、どうやって店をやっていくのか……。太っちょで、人柄のよい市井の普通の男である。新兵訓練は陰湿ないじめの連続である。なにかと連帯責任でビンタ、ビンタ、往復ビンタが執拗に続く。

ある日、米軍のＢ29が裏山に堕ち、米兵を捕虜とする。上官から小隊長、班長への命令は、「適当な処分をせよ」であった。班長、上等兵から、この息も絶え絶えの米兵を銃剣で刺せ、止めを刺せの命令が下る。上官の命令は事の如何を問わず絶対服従である。やむなく豊松は怯えながら突進し腕を刺す。

終戦後、高知に戻り、もう妻子にひもじい思いはさせないぞと、明るくバリカンを握っているところに、警察とＭＰ（米軍憲兵）が現れ、戦犯として逮捕される。裁判で、日本軍ではどんな暴虐な命令でも、上官の命令には逆らえないといくら弁明しても聞き入れられない。法廷で、命令した上等兵たちに質すも、我々は命令していないと、卑怯にも豊松に全ての罪を背負いこませる。死刑の判決が下る。命令した上官たちは死刑を免れる。

この理不尽、この非正義、この卑怯、この悔しさ、この切なさ、私（筆者）の胸中にも黒い鉛が噴出し、重く溜まっていく。この時から、日本人の「恥の美学」は消滅した。

豊松が絞首台に上がる時の、遺書をご紹介したい。「もう一度会いたい、もう一度みんなで暮らしたい。（中略）せめて生まれ変わることが出来るなら……いいえ、お父さんは生まれ変わっても、人間なんかは成りたくありません。（中略）深い海の底の貝だったら、戦争も無い、兵隊に取られることもない、房江や健一の事を心配することもない。どうしても、生まれ変わらなくてはならないのなら……私は貝になりたい」
こんな時代が二度と来ないことを祈りたい。

東京裁判

［監督］小林正樹［製作］講談社、一九八三年
［出演］実写ドキュメンタリー

小林正樹監督が米国国防省の所持する実写記録フィルムを編集して作り上げたドキュメンタリーである。満洲事変から敗戦までの一七年八ヵ月を約九時間半に纏めている。題は「東京裁判」としているが、正式には「極東国際軍事裁判」である。GHQ最高司令官マッカーサーが昭和二一年一月二二日に裁判条例を発布し、主要戦犯を審理する事とした。昭和二一年五月三日に開廷、昭和二三年一二月二三日の日本側七名の絞首刑により終わった。約二年半、四一六回の公判が行われている。フィルムにはしっかりとした原音も入っている。

ファーネス弁護人は、「勝者が敗者を裁判するのは正しくない。第三者の国が公正にやるべきだ」と云う。ブレークニー弁護人は、「戦争自体非合法であり、非合法を裁けるのか。戦争は犯罪ではない、国家の行為である。戦争の個人の責任を追及するのは誤りである」と根本からの弁護をする。

日本人弁護団副団長の清瀬一郎は、この無条件降伏は日本軍の無条件降伏であり、国家の無条件降伏では

ないと主張し、誰も弁護の引き受け手の無い東条英機の弁護をも引き受ける。特に興味深いのは、裁判の終盤、昭和二三年一二月から証言台に出る東条である。かって東条は自らの「戦陣訓」において、「生きて虜囚の辱《はずかしめ》を受けず、死して罪禍の汚名を残すこと勿れ」と云った。多くの将兵がその言葉を信じ、玉砕自決をしていった。今、彼は虜囚の身である。この自家撞着をいかに昇華していたのか。

豪州からのウエッブ裁判長が天皇の責任について追及しようとする。東条英機元総理の真珠湾攻撃の意思決定について、首席検察官キーナンが東条に救いの質問をする。「天皇はただ判を押しただけであろう。東条に、日本の戦争か平和か、を委ねたのですね」と。思わず東条が「日本国の臣民が天皇陛下のご意思に反して、あれこれすることは有りえない」と証言する。臣民として陛下の安全を考えれば、東条の失言である。よってウエッブは全て天皇のご意思となれば、天皇に責任は及べる、今法廷に出せると考える。マッカーサーとキーナンは天皇免責こそが日本のまた日本国民の統治に欠かせないと考えており、ウエッブを豪州へ一時帰国させ、東条の前言撤回へ動き、天皇免責を為す。東条はここでも、太平洋戦争を「自衛のための戦争だった」と云い、法廷の顰蹙を買っている。「自衛と侵略」の境目は非常に難しい。過去の「生命線、防衛線」論を拡大解釈すれば、侵略もまた自衛の戦さと云うことになる。自国のみの「専守防衛」こそが、侵略とならない唯一の平和の道であろう。よって、今「安全保障法」も恣意的に解釈され、「集団安全保障」も「駆けつけ警護」も国会を通過した。「駆けつけ警護」と云うが、敵との交戦、武力行使できるということである。交戦すれば、警護ではなく戦争と云うことになる。日本は危うい道を進んでいる。

Ⅱ 反戦映画を作った監督たち

＊掲載は五十音順

作品のどこかに反戦の思いを込めた

監督はクリエーターである。クリエーターは人に束縛されたくない生きものである。ここにご紹介する監督たちがすべて反戦の闘士たちと云う訳ではない。万やむなく軍に協力させられた監督も多くいる。戦前、内務省警保局の検閲は厳しく、チェックのあとの再撮や大幅カット、編集し直しにビクビクしながら映画を撮っていた。積極的に内務省や陸軍省、海軍省に協力した監督も、どこか忸怩たる思いを秘めて、どこかで自分を顕したいと強く策を巡らせていた。

軍協力映画でも観終われば、厭戦反戦の思いが隠し味にきちんと挿入された作品も多くある。戦後はすぐに今までの贖罪のように、戦時中の無辜の民たち、また戦後の草莽の民たち、国による戦争の犠牲者たちを正視し、命を込めて撮り上げている。日本が戦争に入っていくまでの作品、入ってからの暴走を止められない作品、「誰がこんな戦争を始めたのですか」、その思いを込めて作ってくれた。

戦時中の犠牲、戦後の犠牲、生きて行く忍従と辛さ。戦争は何時の世も、「底辺の人間と、女性と子供が辛酸を舐める」。戦争を知らない世代も、これらの作品を見れば「戦争の何たるか」が分かる。監督もスタッフも俳優キャストも、戦争を知っている世代が後世の私たちに二度とこんなことに陥らぬように精魂込めて作ってくれたのだ。どの監督も「戦争は絶対してはならぬ」と心底叫んでいる。

家城巳代治《いえきみよじ》

一九一一年九月一〇日—一九七六年二月二二日
（東京都出身）

心優しい正義派監督——家城は戦後のベストセラー「雲ながるる果てに」（一九五三年）を撮った。学徒特攻兵たちの手記集をもとに、彼らの弔いを込めてメガホンを執った。散って逝った若者たちへの鎮魂歌だった。

松竹大船時代の「悲しき口笛」は、まだ習作の感がある。戦後浮浪児役の美空ひばりや、風太郎役大坂志郎の演出は心優しく、監督のお人柄を感じる。ビヤホールで燕尾服姿で唄うひばりの表情は、とても幼女と思えない貫禄があった。彼はレッドパージで大船撮影所を出されてからの仕事がいい。とくに「雲ながるる果てに」は、学徒出陣組の特攻の話であるが、鶴田浩二の懊悩、木村功の葛藤、高原駿雄の諦念の先のお気楽さを的確に表現した。かつ、海軍兵学校組の卑怯さをも炙り出した。

「異母兄弟」（一九五七年、原作・田宮虎彦）も名作である。子供の頃、これを観て、心底、三國連太郎という役者を憎んだものだ。最後のシーンの、田中絹代の正鵠を射た啖呵に、我慢するばかりが女ではないぞと、快哉を叫んだ。「路傍の石」（一九六〇年、原作・山本有三）、主演池田秀一の思い詰めた石の如き表情は忘れがたい。一度っきりの人生に、そこはかとない元気をくれる名作だった。

家城巳代治

市川崑

一九一五年一一月二〇日―二〇〇八年二月一三日
（三重県伊勢市出身）

幅の広さでは日本一の監督――筆者が小学校の頃（一九五九年）、学校から先生引率で観に行った映画「ビルマの竪琴」（竹山道雄原作）の中で、「埴生の宿」や、収容所の金網の前で弾く「仰げば尊し」の名曲のシーンは忘れがたい。

主役は水島上等兵役の安井昌二だが、私は井上隊長役の三国連太郎だと思っている。浜村純、西村晃らの演技は素晴らしく、特に安井が竪琴を弾く別れの場面は、皆が「水島だぁ」と狂喜乱舞する、映画を観る者の心を打つ、完璧の演出だった。

「野火」（一九五九年、原作・大岡昇平）においての田村役船越英二の亡霊の如き演出、永松役のミッキー・カーチス、安田役の滝沢修の鬼気迫る演出にも固唾をのんだ。

「破壊」（一九六二年、原作・島崎藤村）の丑松の心中の懊悩を演じた市川雷蔵へのオドオドとした演出。並びに「炎上」（一九五八年、原作・三島由紀夫）での、市川雷蔵の寺学生の美と不浄の境目での懊悩、そこに善悪明暗を明解にする仲代達矢の投入、小説以上の力量を映画で顕した。

打って変わって、「ぼんち」（一九六〇年、原作・山崎豊子）、優柔不断であやふやでただ優しいばかりの女タラシのぼんちを、天下の市川雷蔵でよくぞここまでと唸った。市川監督初期の「こころ」（一九五五年、原作・夏目漱石）では、まだ森雅之の「先生」、三橋達也の友人「K」には種々の難点は感じられるが、もう一度リメイクに挑戦してほしかった。

同じく谷崎潤一郎原作の「鍵」（一九五九年）は満点の演出であろう。二代目中村鴈次郎《がんじろう》の嫌らしさ、京マチ子の官能性、仲代のクールさ、キャラクターの表現に一寸の無駄も迷いもなく、これも小説を上回っていた。「おとうと」（一九六〇年、原作・幸田文）での、岸惠子と川口浩の姉弟愛、父・森雅之、義母・田中絹代ほか、台詞量が少なく、全体の寡黙性が姉のおとうとを思う心を如実に具現化していた。
「太平洋ひとりぼっち」（一九六三年、原作・堀江謙一）は、アクションスターで唄う銀幕スターの石原裕次郎を堀江青年役に起用し、演技派に生まれ変わらせた。ヨットの船倉でのほぼ一人芝居である。右の心と、左の心の葛藤劇を十二分に観るに値する名画に仕上げていた。挙げれば限がないほど上級作ばかり、かつ実験映画にもよく挑戦している。おおむね、脚本家で細君の和田夏十さんと組んだ作品が出色の出来栄えだと思う。

市川崑

井上莞《かん》

一九一二年五月一一日生—没年不明
（朝鮮京城出身）

朝鮮の京城にて生まれる。中学時代に映画ばかり観て過ごす。内地に戻り、映画のカメラマンになろうと決意する。日本プロレタリア映画同盟に参加し、木村荘十二監督に演出を、立花幹也（豊田四郎監督「檜舞台」や成瀬巳喜男監督「勝利の日まで」などの撮影監督）にカメラ技術を学ぶ。戦前は「芸術映画社」に所属し、主に記録映画、ドキュメンタリー映画の撮影編集に携わる。監督第一回作品が、一九四〇年の「空の少年兵」である。まだあどけない少年たちが一人前のパイロットになるまでの、霞ケ浦海軍航空隊での厳しい訓練を綿密に描いている。入学式、父親と別れた後すぐに始まる「地上鍛錬篇」と、やっと先輩たちのように飛べるようになる「雄飛篇」の二部構成で記録したドキュメンタリーである。四二年、重慶爆撃に邁進する海軍航空隊を描いた「海鷲」を作る。もちろんこれもドキュメンタリー作品である。

戦後は、「母のない子と子のない母」（若杉光夫監督）、「混血児」（関川秀雄監督）、「硫黄島」（宇野重吉監督）、「みんなわが子」（家城巳代治監督）らの名監督と組み、撮影監督に徹している。

今井正

一九一二年一月八日—一九九一年一一月二二日（東京都出身）

社会の底辺の人間を描いた——「青い山脈」（一九四九年、原作・石坂洋次郎）はまあ軽妙にこなしている。池部良や原節子を使うとなればそう毒も入れられなかっただろう。

刮目したのは、「どっこい生きてる」（一九五一年）からだ。戦後の職の無い二四〇円稼ぐのがやっとのニコヨンの暮し。一家心中の多い時代で、暮しはまさに暗しである。毛利修三（河原崎長十郎）の優柔不断さ、悪にも善にも転がらない芯の無さ、最後は家族で死ぬことをやめて、再び元気に職安に並ぶと云うストーリーだが、筆者の周囲もそんな家ばかりで身につまされた。

「山びこ学校」（一九五二年、原作・無着成恭）もすこぶる出来の良い佳作である。無着成恭先生に木村功、山の貧しい家の子たちを慰め励まし、真っ直ぐに薫陶していく。

「にごりえ」（一九五三年、原作・樋口一葉）で今井監督の力量は完成された。オムニバス三作品、「十三夜」のせき（丹阿弥谷津子）と録之助（芥川比呂志）の二人芝居。「大つごもり」のおみね（久我美子）のハラハラ、ドキドキの作り方。観ているこっちまで息苦しくなった。「にごりえ」のお力（淡島千景）のしたくもない女郎をしなくてはならぬ人生を棒に振った姿、大工の宮口精二も同じ。大工の妻（杉村春子）が哀れでしようがない。やはり三本目の「にごりえ」が特段優れた演出になっていた。お力（淡島）の死に顔に、死んでラクになったね、の感慨を観る者にもたらせた。

「真昼の暗黒」（一九五六年、原作・正木ひろし）で今井の背骨に土性骨が入った。まだ無名の新人、草薙幸二郎を植村清治役に起用しての冤罪映画である。底辺の不良たち、警察はいい加減な捜査で彼らを犯人に仕立ててい く。すでに見込み捜査である。庶民はいつも人がいいばっかりで損をみる。泣きをみる。草薙が新人の分、母親に飯田蝶子、内縁の妻に左幸子と芸達者を配した。深刻な内容にしては、どこか明るいのである。そこの作り方が今井監督は巧み。現実の人間はこんなにも滑稽なものかもしれない。

名作「米」(一九五七年)にしても、「キクとイサム」(一九五九年)にしても、今井監督は最後は笑ってしまうしかない最底辺の、それでもどっこい生きていく人間たちをフィルムに残してくれた。

今井正

今村昌平

一九二六年九月一五日―二〇〇六年五月三〇日（東京都出身）

「消化器と生殖器」の人間を描く

――初期の「にあんちゃん」（一九五九年、原作・安本末子）と晩年の「黒い雨」（一九八九年、原作・井伏鱒二）を除いては、人間は消化器と生殖器から出来ていることをスクリーンに炸裂させてくれた。とくに男の欲望と、女のはらわたをしっかり露骨に見せつけてくれた。

小津安二郎監督の助監時代に会得したものではないだろう。やはり、兄貴分の川島雄三監督の影響だろうか。男も女も裸にひんむいて、ひっくり返せばみんな同じだよ、の達観にいつ辿り着いたのだろうか。監督に上がる二年前の「洲崎パラダイス　赤信号」（一九五六年、川島雄三監督、今村昌平助監督）あたりからではないかと思う。

「果しなき欲望」（一九五八年、原作・藤原審爾）は、強欲男たち（小沢昭一、殿山泰司、加藤武、西村晃）と、もっと強欲の上を行く女の話。渡辺美佐子には少し荷が重すぎたかなとも思う。男たちは女の肉体の前には実にトンマで結果お人良しである。真に怖いのは女であることを見せてくれた。

「豚と軍艦」（一九六一年）も、男たち（大坂志郎、加藤武、小沢昭一、三島雅夫）の我欲妄執、人間の持つ欲望がブラックに描かれていた。筆者が一〇歳のころ観た映画で、生きるということは穢れていくこと、すべて人間は豚と何ら変わらないことを教わった。春子役の吉村実子の無垢な野性味と、鉄次役の丹波哲郎の滑稽さが忘れられない。

「にっぽん昆虫記」（一九六三年）は、松木とめに扮した左幸子の体を張った演技が光った。人間なんて高尚な生き物ではないこと、どう生きたって所詮この世は儚いことを淫蕩な母（左）と、母のその血をひく娘（吉村実子）の対比で描いてくれた。名作「赤い殺意」（一九六四年、原作・藤原審爾）は、春川ますみを名女優の域にまで押し上げた。強姦魔露口茂と、吝嗇な西村晃（夫役）の対極の演技が秀逸。とくにその両者の間で、春川は女の肉体と受動的性《さが》で男と云う生き物に諦めを持ち、それでもどっこい生きていこうとする女の腹黒さを巧みに重く演じた。今村の演出の妙である。「復讐するは我にあり」（一九七九年、原作・佐木隆三）は日本映画史上最高峰である。連続殺人犯役の緒形拳の極悪さ、父親役の三國連太郎の偽善さの演技。とくに殿山泰司、垂水悟郎、加藤嘉、小川真由美の殺され方の演出は実に薄気味悪く声も出なかった。ここまでの後味の悪さを演出できる監督は他に類を見ない。

人間の裏表、内臓の奥、粘膜まで蒸せるように臭い立つように演出する。醜くてギラギラした人間の本質を描いてくれた、日本が誇る名監督中の名監督である。

今村昌平

大庭秀雄《おおばひでお》

一九一〇年二月二八日—一九九七年三月一〇日
（東京都青山出身）

大ヒット「君の名は」でA級に——野村芳太郎監督の紹介で松竹蒲田撮影所に入る。主に佐々木康監督の下で修行する。入社五年で監督昇進と云うことは相当に早い一本立ちである。

「長崎の鐘」（一九五〇年）でA級監督への評価を得る。もちろん反原爆映画であるが、そこに松竹らしい夫婦愛、家族愛をも上手に加味している。原爆への憎しみの厳しさが足りないが、当時、GHQがすべての脚本をチェックしており、甘く仕上がっていることは致し方がない。「帰郷」（一九五〇年、原作・大佛次郎）は戦争中に外地で知り合った男女の心理の綾を情緒豊かに描いていた。メロドラマの名手である。男は守屋恭吾（佐分利信）、海軍軍人であるが死んだことになっていた。女は高野佐衛子（木暮実千代）。日本に帰るも、妻（三宅邦子）は他の男と結婚しており諦める。佐衛子は恭吾とのよりを戻したいと思っている。佐衛子の差配で実の娘と会う。佳い娘に育っており、また安心して恭吾は日本を後にする。すれ違い男女の心理を細やかに描いていた。

そしてついに、「君の名は」（一九五三年〜五四年、三部作）で大ヒットを飛ばし、松竹の若手エースとなる。この作品は菊田一夫原作で、すでにラジオで人気を博しており、運も良かったといっていい。氏家真知子に岸恵子、後宮春樹に佐田啓二、ラジオでのすれ違いを、映像でも運命の過酷さ、男女の感傷を儚く美しく表現した。「雪国」（一九六五年、原作・川端康成）は前作の豊田四郎作品に軍配は上がるが、小説に忠実なのは大庭作品の方であっただろう。岸恵子の駒子より、小説に即した田舎の温泉芸者の雰囲気は岩下志麻の方が巧みに演じていた。

「君の名は」（一九五三年、原作・菊田一夫）の大ヒットにより、プログラム・ピクチャー（映画会社企画の映画）から、A級に上った監督である。

岡本喜八《きはち》

一九二四年二月一七日―二〇〇五年二月一九日
（鳥取県米子市出身）

痛快、娯楽、職人の名監督――師匠筋は成瀬巳喜男監督であろう。名作「浮雲」（一九五五年、原作・林芙美子）の助監督としてスタッフタイトルに名前がある。成瀬に鍛えられたのならば、女を撮るのがさぞ上手かろうと想像するのだが、岡本は師匠に反して、女性主演映画、つまり女の一生を描くような映画に手を染めていない。成瀬は反面教師だったのだろうか、岡本は男の映画が多い。それとも、助監督時代に成瀬には敵わないからと、別の道を探ったのだろうか。

映画は心の憂さの捨て所である。高邁なことも言わず、まして啓蒙なぞもおこがましい。泣いて笑って、明日も元気に生きていけるよすがを献上するのが使命である。その一点を絶対にはずさなかった名監督である。

小学校五年の時に、「独立愚連隊」（一九五九年）を観た。いやー、痛快痛快、欣喜雀躍、それまで暗い軍隊映画ばかり観ていたので、佐藤充の破顔一笑に救われた。「暗黒街の対決」（一九六〇年）も面白い。日本人的湿気は一切なく、男のカッコ良さを前面に打ち出してくる。ガキの私は、三船敏郎、鶴田浩二に痺れまくっていた。

「日本のいちばん長い日」（一九六七年）は史実にのっとり、陸軍の本土決戦派若手将校対阿南陸軍大臣（三船敏郎）の苦衷と苦渋を、紛糾する閣議を通して詳らかにし、玉音盤争奪戦の愚かさを描き上げた。三船敏郎への演出は見事だったと思う。

しかし、とは言っても彼は痛快物が佳い。「ダイナマイトどんどん」（一九七八年、原作・火野葦平）は腹を抱えて笑う。火野葦平の原作だが、小説を大きく上回っている。北九州の対立するヤクザがシマを賭けて、野球で勝負しようというもので、敵は全国各地から野球のできるヤクザを集める。片や、遠賀川の加助（菅原文太）たちは自前のメンバーで対決する。野球と云うより、ほとんど暴力沙汰で暴力三昧の可笑し味に溢れていた。とくに敵のピッチャー芦刈の作蔵（田中邦衛）がアル中であることを見抜き、薬缶の酒を上手に飲ませ、作蔵の徐々に崩れていく様は猫にマタタビのようで、拍手喝さいの演出だった。もちろん女性映画も撮ってはいるが、彼は男のヤンチャさと、哀愁と見栄と翳りを表せる名監督だった。

岡本喜八

木下恵介

一九一二年一二月五日―一九九八年一二月三〇日

（浜松市出身）

リリシズムの名監督――小津安二郎、成瀬巳喜男、黒澤明、溝口健二、市川崑と並ぶ、日本の名監督。他は世界でも有名高名だが、木下には世界的評価がない。されども、日本人の心を描いた意味において、木下は彼らに一歩も引けを取らない。

私が初めて観た作品は、もちろん「二十四の瞳」（一九五四年、原作・壺井栄）、高峰秀子は大石先生の娘時代から初老の代用教員まで、完璧な演技だった。日本の唱歌を多く用い、木下監督の心優しさ日本人の庶民の健気さを小豆島を舞台に、美しく清らかに、かつ平和への希求を強く現した。子供たちの成長が映画の中で著しいのは、そっくりの兄弟、姉妹を全国から募集し採用しているからで、短期間で撮影しても子供達の成長を見事に自然にスムーズに描けた。

「陸軍」（一九四四年、原作・火野葦平）でも、軍依頼の戦意高揚映画のつもりが、母親の息子への愛といった反戦作品となっていた。母わか（田中絹代）が博多の目貫通りを出兵する息子を追って追っての名シーンは、「陛下の赤子ではない、私の子だ」という思いが伝わり観る者の心を打った。

「楢山節考」（一九五八年、原作・深沢七郎）、息子役高橋貞二が母おりん（田中絹代）を山に置いて下り始めると、雪が降りだす。慌てて山に戻る高橋、雪に埋もれながら手で「帰れ帰れ」の仕草をするおりんの母の愛。何度見ても目が潤む。人形浄瑠璃風に作った木下のアイデアが素晴らしい。

「香華」（一九六四年、原作・有吉佐和子）での、母（乙羽信子）と娘（岡田茉莉子）の桎梏と葛藤、母娘のくされ縁。生きるとは諦めることと、女性たちにエールを送っていた。とくに淫乱で自堕落な母親役乙羽信子の演技は見事だった。

最高作は「日本の悲劇」（一九五三年）だろう。戦争未亡人の母役望月優子、子供二人を育てるために闇屋の担ぎ屋をやり、酌婦をやり、株に手を出し、妾にもなる。

木下恵介

子供を食べさせるためになりふり構わず、女を武器に頑張る。男あしらいで得た金で、子供たちに学問を施すが、そんな姿を見て育った子供二人は母を蔑む。最後、母は鉄道に飛び込み自殺する。救いのない映画であるが、戦後に多かったお話である。今、観なおしてみても、当時の寡婦たちを思い、しんみりとせざるを得ない。「お嬢さん乾杯！」（主演・原節子、一九四九年）「カルメン故郷に帰る」（主演・高峰秀子、一九五一年）といった軽コメディも達者だった。
　全作品すべて破綻のない名監督だった。

熊《くま》井《い》啓《けい》

一九三〇年六月一日—二〇〇七年五月二三日
（長野県安曇野郡出身）

世に問題を突きつけた社会派監督——社会派と云えば、やはり山本薩夫監督、今井正監督である。その系譜上にある熊井である。二四歳で日活に入る。川島雄三組に入りたかったろうが、そこにはすでに今村昌平やライバル浦山桐郎がいた。多くの監督の助監督をしたが、「日本戦歿学生の手記　きけ、わだつみの声」（一九五〇年）や「ヒロシマ」（一九五三年）を撮った名匠関川秀雄監督の影響が最も強いと思う。
　三四歳で一本に上がり、ドキュメンタリー・タッチ映画「帝銀事件　死刑囚」（一九六四年）を名優・信欣三で撮る。綿密な取材、本人平沢貞通への直接インタビュー、熊井は映画はディテールから壊れ腐れることを知っている。ディテールのしっかりした揺ぎの無い映画だった。この経験は後の九大米兵生体解剖事件を扱った「海と毒薬」（一九八六年、原作・遠藤周作）にもしっかりと血の一滴に至るまで踏襲されている。

三八歳で「黒部の太陽」（一九六八年）という力仕事をやる。大物俳優たちが大挙して出ており、自分が撮りたいものとは違ったかもしれないが、監督としての現場の牛耳り方を会得したと思う。

その翌年、浦山監督は名作「私が棄てた女」（一九六九年、原作・遠藤周作）を撮る。男女の仲を通じて、男の狡さ、利用される女の哀しさを見事に描いていた。

これに発奮してか、「忍ぶ川」（一九七二年、原作・三浦哲郎）を撮る。浦山ほど性悪説ではなく、男女の性善説を信じての作品だった。ただの社会派だけでなく、プロの映画監督として、何でも撮れることを天下に示した。

彼の最高作品は、「サンダカン八番娼館　望郷」（一九七四年、原作・山崎朋子）である。誰が何と言おうとこの作品である。貧しい家に生まれた女性の「宿命」を衷心からの真心と正義感で描いた。

蔵原惟繕《くらはらこれよし》

一九二七年五月三一日—二〇〇二年一二月二八日
（マレーシア・サラワク生まれ、東京育ち）

「愛の渇き」は強烈に素晴らしい——筆者の若い頃の好きな監督の一人である。

露骨にイタリアン・ネオリアリズムの影響をもろにオマージュしており、それも潔いと思っていた。「自転車泥棒」（ビィットリオ・デ・シーカ監督、一九四八年）や「鉄道員」（ピエトロ・ジェルミ監督、一九五八年）など、構図、人の配置まで同じにしている。

監督昇進第一作は、「俺は待ってるぜ」（一九五七年）、石原裕次郎主演のプログラムピクチャーだが、港町でブラジル行きを夢見る若者の孤独と哀愁と復讐をよく表せていた。もちろん、相手役は北原三枝である。

「銀座の恋の物語」（一九六二年）も、裕次郎と浅丘ルリ子ものだが、ここにもイタリア映画の影響は濃く出ている。主題歌も良く、ストーリーも上手にできている。健全な娯楽映画である。

「憎いあンちくしょう」（一九六二年）は一種のロードムービーで、よくある青春ものではなく、マスコミの寵児と女マネージャーの九州阿蘇までの妙な道行である。裕次郎とルリ子のコンビが非常に安定してきたときの作品で、どこかモダンで洒落ており、溜飲の下がるハッピーエンドでもあった。

「執炎」（一九六四年）から、がらりと作風が変わる。浅丘ルリ子を起用して、一見貞淑理性的な女の、裏面の独占欲と執着性を描き出した。

「愛と死の記録」（一九六六年）もまた、裕次郎時代のプログラム制作と違って、原爆病で死ぬ幸雄役の渡哲也と後を追う和江役の吉永小百合のはかない青春を、怒ったように撮り、青春のもろさと我がままさと、一途さを見事にフィルムに定着させた。構図も、アングルも、クローズアップも、逆光も素晴らしかった。

最高作品は、「愛の渇き」（一九六七年、原作・三島由紀夫）であろう。これは「執炎」の延長線上の女を浅丘ルリ子に求めたもので、浅丘もこの作品で大女優の域に上がって来た。未亡人の女が義父と関係し、若い肉体を求めて園丁の若者とも関係していく。どんなに関係しても、愛の渇きは癒されない女を浅丘は大巧演した。義父の中村伸郎、園丁の石立鉄男、キャストも的確であった。

ここをピークに徐々に以前の冴えは無くなっていった。それが残念でたまらない。

蔵原惟繕

黒澤明

一九一〇年三月二三日—一九九八年九月六日
（東京都大井町出身）

デビュー作から力量が違った——

兄の自殺後、絵の道を諦め、ＰＣＬ（東宝の前身）に助監督で入社。滝沢英輔監督、成瀬巳喜男監督、山本嘉次郎監督等に付くが、影響は受けていない。強いて言えば、滝沢監督の娯楽活劇主義の影響は少しあるかもしれない。名匠・成瀬の影響は皆無で、独自独善性ドグマは強い。

その証拠にデビュー作「姿三四郎」（一九四三年、原作・富田常雄）の出来栄えは姿三四郎役藤田進の演技力を除けば、新人監督とは思えない骨太の強さを示している。藤田と檜垣源之助役月形龍之介の決闘シーンの強い風による茫漠たる雑草のたなびきは両者の心模様をよくメタファーしている。シェークスピア的ドラマツルギーが根底にあり、後世の彼の撮影技法演出の冴えは、この時すでに全て注入されている。藤田の朴訥さ、月形の武骨さ、小夜役轟夕起子の愛らしさ、役者使いの上手い監督である。

戦時中は軍に協力して、「一番美しく」（一九四四年）を撮っているが、内容からして積極的協力と云うより、国の風向きの中で合わせているように見えるが、若き日の努力は大切といった内容で、軍国主義を煽るというものではない。骨格よく、しっかりと撮れている。

戦後すぐに、「わが青春に悔なし」（一九四六年）を撮った。戦時中、あたためていたのだろう。京都大学滝川幸辰事件を扱っている。実に純粋でストレートで、原節子の照れるほどの一途さは好もしく力演である。映画の中の、「生きるとは涙ぐましいことだ」の台詞は黒澤の脚本であろうが、若き日にメモし、筆者の座右の銘としている。

「野良犬」（一九四九年）の若い刑事役三船敏郎の喘ぐような演技は素晴らしい。かたや老練刑事役志村喬の冷静で余裕のある演技もしかりである。スリ役岸輝子とズベ公役仙石規子の悪さ加減も見事だった。「裸の街」（ジュールス・ダッシン監督）のオマージュともなっている。

「羅生門」（一九五〇年、原作・芥川龍之介）の、三船敏

郎、森雅之、京マチ子の三つ巴の嘘合戦も見ごたえがあった。人間なんていう生きものは、つねに卑怯にも自分のいい方にのみ物事を云い、弁明していく様が戦後の日本人を見ているようでタイムリーだった。この作品で黒澤明の名は世界に揚名した。

「生きる」(一九五二年)もまた、人間の中にか細くは残っている「善」を示してくれた。ロシア文学の影響を強く感じさせてくれた。

「七人の侍」(一九五四年)は活劇の面白さをここに昇華してくれた。「荒野の決闘」(一九四七年、ジョン・フォード監督)のワイアット・アープと、志村喬演じる勘兵衛の演出には、フォード監督へのオマージュがこめられていた。

「蜘蛛巣城」(一九五九年)のイントロの素晴らしさは、ドラマ全体を醸す友情のはかなさを、霧の中の二騎で象徴して見せた。

「用心棒」(一九五九年)は、「真昼の決闘(ハイヌーン)」(フレッド・ジンネマン監督、一九五二年)へのオマージュが棺桶屋のシーンで現われている。

黒澤監督はお客を愉しませるために必死でアイデアをこらし、世界の一流監督たちと切磋琢磨して、日本映画を高めてくれた。

黒澤明

小石《こいし》栄一

一九〇四年九月七日―一九八二年一〇月二一日
（福岡県鞍手郡出身）

大衆の意に沿った職人監督――会社企画の作品（プログラム・ピクチャー）を作る職人監督である。一般が求めているもの、大衆が喜ぶことを第一義に据えて映画を撮っている。よって芸術作品とか、人生をシリアスに描いた作品は少ない。ある意味、娯楽としての映画の使命を知っていた監督である。

戦後、三益愛子を起用しての「母紅梅」（一九四九年）「母三人」（一九四九年）「母椿」（一九五〇年）「母子鶴」（一九五二年）「母の湖」（一九五三年）など母ものを多く撮っており、世間によく支持された。中でも満洲からの引揚の過酷さを描いた「流れる星は生きている」（一九四九年、原作・藤原てい）は母ものの一連作の中の作品であるが、母ものの中でも異色のシリアス作品となっている。

「魚河岸の石松」（一九五三年）シリーズでは、晩年悪役に徹した河津清三郎を起用し、軽妙洒脱な現代版石松を描いた。「大学の石松」（一九五六年）シリーズでは高倉健を主演に起用し、「べらんめえ芸者」（一九五九年）シリーズでは美空ひばりを起用、痛快コメディで江原慎二郎や高倉健をひばりの相手役とし、若手男優を世に売り出した。

軽いノリの手練れの芸達者監督である。

神山征二郎《こうやませいじろう》

一九四一年七月一六日生
（岐阜市出身）

反骨とヒューマニズムの監督――新藤兼人と今井正の薫陶を受けており、その先達の系譜をしっかり守っている。デビュー作の「鯉のいる村」（一九七一年）からずっと、人間の表の力で、人間の裏に潜むものをすべて覆い隠そう、覆い尽くせると心底思っている監督である。

人間という者は安きに怠惰に流れ、飯を食って糞をして、寝る動物であることを百も承知の上で、その上を行こうとしている。

「ふるさと」(一九八三年、原作・平方浩介)の加藤嘉への演出は素晴らしかった。「三たびの海峡」(一九九五年、原作・帚木蓬生)は、三國連太郎を始めとするキャスティングに一点の瑕疵も濁りもなく、半島の人たちへの謝罪が溢れていた。

「月光の夏」(一九九三年)もまた、特攻に失敗した人間が当時どのように扱われたか、同胞も知らなかった現実と事実を世に晒してくれた。

彼の作品は人間が性善説であってほしいと、常に切に願って作っている。弱き者たちに目を向け、映画の力で社会の過ちに一矢を報おうとしている。

鋼のような反骨と背骨をもつ監督である。

小林正樹《まさき》

一九一六年二月一四日—一九九六年一〇月四日

弱者の正義と意地を描く——木下恵介監督の下で修業する。

名作「日本の悲劇」(一九五三年)のチーフ助監督に付く。この映画における母(望月優子)の無念さ、ここが小林の原点と見る。師匠木下よりも社会性の強い、弱者の意地を描いてきた。

「壁あつき部屋」(一九五六年)は、B、C級戦犯の悔しさ、哀切を、私が撮らねばの使命を持って描いた。

「人間の條件」(一九五九年〜六一年、原作・五味川純平)で確実に世に出た。仲代達矢演じるインテリ兵梶の過酷で不条理な軍隊生活。軍全体を覆う、士官、下士官、憲兵たちの非人間性。国家権力に翻弄され、抹殺されていく総ての無辜の民たちを縦横に描いた。

「黒い河」(一九五七年、原作・富島健夫)は、仲代を「人斬りジョー」役に起用し、クールでニヒルで人間の血が通っていない戦後の基地の人間を描いた。仲代のピ

小林正樹

カレスクぶりは、主役にどこか遠慮している悪役俳優たちを一気に凌駕していた。

「あなた買います」（一九五六年）は、当時のプロ野球界のスカウト合戦の裏を描いたもので、伊藤雄之助ほか芸達者の役者陣の力で面白い出来具合となっているが、まだ小林の習作の時期。

「上意討ち　拝領妻始末」（一九六七年、原作・滝口康彦）も侍の意地がよく出ているが、やはり彼の最高作は「切腹」（一九六二年、原作・滝口康彦）に極まる。千々石求女（石浜朗）の竹光での切腹は無惨であり、観る側をも痛くさせた。何時の世も弱いもの、貧しいものは蔑まれ、嘲笑され、侮蔑を受けるものなのか。報復の津雲半四郎（仲代達矢）と、受けて立つ斎藤勘解由（三国連太郎）のコート（お白洲法廷）劇であるが、今観てもその演出の緊迫感に鳥肌が立つ。常に弱者の意地を描いた、日本屈指の名監督である。

佐々木啓祐

一九一〇年四月二九日―一九六三年三月三〇日
（東京都出身）

手堅いプログラムピクチャー——若い頃、漁業に従事していたが、小山内薫の新劇運動に感化され、松竹キネマに入る。松竹のプログラム・ピクチャーを一年に一二本も製作したり、とにかく仕事の早い多作監督である。映画会社にとっては、予算内で作り、期日通りに仕上げる仕事師は得難い。

代表作は、滝廉太郎をモデルにした「荒城の月」（一九三七年）、高峰三枝子をスターに押し上げた作品である。あとは、やはり浮浪児たちを扱った「鐘の鳴る丘」三部作（一九四八年、四九年、原作・菊田一夫）であろう。女性の多難な人生物を得意としたが、溝口健二ほどの辛さ深さは描けなかった。早撮りのせいかもしれない。五二歳で川を渡った。

渋谷 実《みのる》

一九〇七年一月二日—一九八〇年一二月二〇日
（東京都出身）

師匠たちを巧みに踏襲した——最初に付いた監督が牛原虚彦《きよひこ》で、後に成瀬巳喜男、五所平之助、小津安二郎という日本を代表する大巨匠たちに助監督として付いている。作風を見ると、諸々の監督たちの影響を如実に感じる。間のある軽妙さ、ユーモア、諧謔、皮肉、社会性、辛辣、中でも牛原の影響が最も強いかと思う。牛原は器用な監督で、プログラムピクチャーでも何でもかんでも上手に水準にまでこなせた。渋谷にもそれを感じる。「本日休診」（一九五二年、原作・井伏鱒二）は牛原と小津の影響を感じさせる。他には「現代人」（一九五二年）。山本薩夫監督が作った「戦争と平和」（一九四七年）や「暴力の街」（一九五〇年）でのネガティブな池部良を活用し、これまでと異なるニヒルでアプレゲールなキャラを与え、役の幅を広げさせた。

あとは、「もず」（一九六〇年、原作・水木洋子）。母と娘の愛憎劇である。母に淡島千景、娘に有馬稲子。この作品は成瀬監督の「流れる」（一九五六年、原作・幸田文）や「晩菊」（一九五四年、原作・林芙美子）、小津監督の「東京暮色」（一九五七年）の影響を感じる。「てんやわんや」（一九五〇年、原作・獅子文六）や「自由学校」（一九五一年、原作・獅子文六）で淡島を世に送り出した渋谷が、彼女に新しいネガティブな母親像を用意した。娘役の有馬のキャラは成瀬や小津が作ったもので、相違なく演出している。現実に母娘と云っても、淡島三七歳、有馬二九歳の時の作品であり、その差八歳。淡島の女から母への揺れ動きは成瀬にも劣らぬ演出だった。師匠たちのエッセンスが詰め込まれ、作品の中に抽出されていた。

新藤兼人《かねと》

一九一二年四月二二日—二〇一二年五月二九日（広島市出身）

プロ中のプロの映画師である——小躯だが内面にある人間への愛情は凄い。若き日、どうしても映画をやるんだと、新興キネマの現像部の雑用係からスタートしている。次に美術担当に回っている。見よう見まねでシナリオを書き続け、溝口健二監督に見てもらう。「これはシナリオではありません。ストーリーです」と酷評されている。そのあたりは、「愛妻物語」（新藤兼人監督、一九五一年）に自ら描いている。自身を宇野重吉、励まし続ける糟糠の妻に乙羽信子、溝口に滝沢修が扮していた。献身の病弱な妻に対し、贖罪の如くに女性を描いた。

新藤は母が好きで、妻が好きで、女性すべてを崇めている。脚本を担当した「偽れる盛装」（吉村公三郎監督、一九五一年）でのおもちゃにされていく女の哀しみ。「縮図」（一九五三年、原作・徳田秋聲）の乙羽信子の宿命に逆らわない女。「どぶ」（一九五四年）の乙羽も同じである。「裸の島」（一九六〇年）は、「アラン」（R・フラハティ監督）を基にし、越えた。この映画はほぼ無言劇である。水のない島の小作人の家族の物語である。乙羽信子も、殿山泰司も、真実の小作人を思わせる。作りを越えたドキュメンタリー映画を思わせた。伝馬船を漕ぐ乙羽の細腰を見よ、子を亡くし水をぶち撒けて泣く母の姿を見よ。ああ、林光の音楽が観る者を打ちのめす。「母」（一九六三年）の乙羽の涙も同じ。「竹山ひとり旅」（一九七七年）での母（乙羽）、息子竹山（林隆三）が弱れば必ずどこからともなく現れて、息子を救う。母とはこういうものなのだ。

新藤兼人

社会派の「原爆の子」（一九五二年）、「第五福竜丸」（一九五九年）、「裸の十九才」（一九七〇年）もまた、新藤の人間に対する愛情と義憤と、宿命への惻隠の情があふれていた。

新藤の作品を観ると生きていく勇気がわく。映画の鬼、いや映画の仏か、プロ中のプロ、人間愛の監督である。

関川秀雄

一九〇八年一二月一日―一九七七年一二月一六日
（新潟県佐渡郡出身）

「ひろしま」「わだつみの声」の反戦監督――もともとは記録映画の監督からスタートしている。若き日は教育映画も多く演出している。

筆者は大分県中津の人間であるから、小学校の時、学校の講堂で中津出身の偉人「福沢諭吉の少年時代」（一九五八年）という映画を観た。俳優は誰とて覚えていないが、家老早川の愚鈍息子に諭吉が打擲《ちょうちゃく》されるシーンはよく覚えている。福翁自伝の中に記されているが、「門閥制度は親の仇でござる」といった諭吉の考えに共感し啓蒙された。

同じく小学校時代、「少年探偵団　かぶと虫の妖奇」「少年探偵団　鉄塔の怪人」（一九五七年）はワクワクして観た。江戸川乱歩の原作である。もちろん、本は読んだ上で映画で再確認だ。明智小五郎に岡田英次、怪人二十面相に名優・加藤嘉。先に演じた南原伸二（後の、宏治）よりも気味が悪かった。

長じて、「ひろしま」（一九五三年）を観る。主演は月丘夢路である。流石に記録映画出身の監督だけに、ピカ投下後のシーンの無残さ惨たらしさは真実かと思わせる程の重厚重量圧迫感を再現した。

最高作はやはり、「日本戦歿学生の手記　きけ、わだつみの声」（一九五〇年）である。東大自治学生会の戦争反対運動と特高の闘い、転向、最前線での職業軍人対学徒兵の無残な悲哀。こういう状況から戦争へと入り込む端緒を描き、ある流れが沸き起こるともう誰にも止められない全体主義への怖さと理不尽極まりない戦争の全貌を描いた。

一九六七年のテレビ「白い巨塔」（原作・山崎豊子）、佐藤慶演じる財前教授のギラギラとした野心は見事な演出だった。晩年は意に沿わない作品も撮っているが、筆者は社会派の名監督だったと云いたい。

野村芳太郎

一九一九年四月二三日―二〇〇五年四月八日
（京都府出身）

コメディとシリアスの二刀流――日本の多くの優秀監督を育てた名監督野村芳亭（代表作「婦系図」（一九三四年、原作・泉鏡花））の息子である。

親父が大きいと中々抜けないものであるが、彼は親父を見事に抜いた。出藍のせがれである。プログラム・ピクチャー時代の「びっくり五十三次」（一九五四年）あたりを観ても、実に軽妙で字幕文字を多用して遊ぶ。字幕多用は邪道であるが、彼はそれを逆用している。物語は高田浩吉、美空ひばり、飯田蝶子の道中旅であるが、わざと「途中、何のお話もなく」と字幕を入れる。観る者をおちょくっているのか、こちらは肩透かしを食らわせられ、「おーい、おいおい」であった。

野村芳太郎

「伴淳・森繁の糞尿譚」（原作・火野葦平）を筆者が観たのは九歳（一九五七年）の時。最後の小森彦太郎（伴淳三郎）のおわいの撒き方は実に痛快で溜飲が下がった。
そして、一気に名を揚げたのが、「張込み」（一九五八年、原作・松本清張）である。松本清張のほんの短篇を深く哀しく男女の儚い思慕劇にまで高めた。佐賀市一帯のロケも利いている。柚木刑事（大木実）と下岡刑事（宮口精二）の両刑事がいい。人情と人生の現実をよく心得ている。横川さだ子（高峰秀子）を通じて、女心の摩訶不思議さを知った。

「砂の器」（一九七四年、原作・松本清張）の加藤嘉（本浦千代吉役）の「知らねえ、こんな子は知らねえ」の叫び、「鬼畜」（一九七八年、原作・松本清張）の殺されかけた坊やの最後の嘘、崩れ落ちる竹下宗吉（緒形拳）。全ての人間が心に持つ、人間の原罪を具現してくれた。しかし、私の中の彼の最高作は、やはり「拝啓天皇陛下様」（一九六三年、原作・棟田博）である。コメディにして、しみじみ哀しい。観客を喜ばせる監督である。

橋本忍

一九一八年四月一八日生
（兵庫県神崎郡出身）

弱い者たちへの愛情に満ちている——日本を代表する脚本家である。

「羅生門」（黒澤明監督、一九五〇年）は黒澤との共作であるが、人の心の中なんぞはまさに「藪の中」、誰の言い分が正しいのか全く分からない。人間と云うあやふやな生き物をコート劇（法廷劇）で混沌と現した。

しばらくは黒澤組で小國英雄らと「生きる」（一九五二年）、「七人の侍」（一九五四年）ほかの共同脚本作業が続く。娯楽作品から、「真昼の暗黒」（一九五六年、今井正監督）でシリアスに移る。八海事件を扱ったノンフィクション作品である。今井正監督は脂がのり切っており、新人俳優・草薙幸二郎のチャランポランな役どころがピッタリはまった。

一九五八年、筆者が小四年のとき、テレビで「私は貝になりたい」（演出・岡本愛彦）が始まった。戦後一三

橋本忍

年、初めてB、C級戦犯のことを橋本のシナリオで知った。二等兵の清水豊松（フランキー堺）が上官の命令で米兵の捕虜を銃剣で刺すというものである。上官の命令であるから、何の罪もないはず。だが、巣鴨プリズンで一度は助かるのではないかという希望を淡く持ちながらも、結局は絞首刑となる。いつの世も罪もない弱い人間が罰を背負わされてしまう。子供心にこの理不尽さ上官たちの卑怯さに怒りを覚えた。翌年、橋本自らがメガホンを取り、映画化した。主演はフランキー堺のまま、演出の岡本と異なるのは、巣鴨プリズン内部の描き方である。テレビの廊下の表現は事実とはずいぶん違い、映画は正しく検証し、設営されている。テレビと最も異なるのは、最後の終わり方である。テレビはフランキーが十三階段を上がるところで終わるが、映画はフランキー演じる床屋の豊松の故郷土佐の海が写る。ここに、フランキーの心の声が侘しく辛くナレーションされる。今生のせめてもの意趣返しは「もう人間には生まれてきたくない」という、この強調しかなかったのである。

「切腹」（一九六二年、小林正樹監督）では、藩取り潰しにより禄を失った千々岩求女（石浜朗）が、門前を借りての切腹を願う。普通ならばいくばくかの金子を与えて帰すのだが、嘲笑うように竹光で強引に切腹させる。石浜の無惨な死、貧しい浪人者をいたぶる侍たち、その復讐を行う津雲半四郎（仲代達矢）。つねに上位にいる人間の思い上りと、下にいて見下される人間の哀しみと切なさ辛さを描いた。

「砂の器」（一九七四年、野村芳太郎監督、原作・松本清張）もまた、脚本を山田洋次と組み、小説を上回る作品に仕上がっている。ハンセン病の父子が村を出て、日本中を放浪する。ハンセン病、父子の情愛、ひとりのお巡りさんの愛情、ひとりの刑事が事件の全容を解きほどいていく。その息子が劇中で作曲した曲が「宿命」（作曲・芥川也寸志）である。その曲に載せて日本の美しくも厳しい春夏秋冬の中を旅するお遍路姿の父子を映し出す。橋本は泣きながらこの脚本を書いたのではないかと思わせた。

娯楽作品もあるが、主として橋本は弱い人間たちに絶大なるエールを送り続けてくれた。

久松静児《ひさまつせいじ》

一九一二年二月二〇日―一九九〇年一二月二八日（茨城県出身）

森繁の力を得て大きくなった――二三歳で一本（監督）に上がっている。

相当早い方である。プログラム・ピクチャーであるが、期日予算を守り、与えられたキャスティングで上手にこなしていく、得難い手練れの監督である。

「女の暦」（一九五四年、原作・壺井栄）で評価を得るが、同年に製作された同じ壺井栄・原作の「二十四の瞳」（一九五四年、木下恵介監督）の出来栄えの良さに、影が薄まる。両作共に小豆島を舞台にした、「集まりもの」である。前者は法事の集まりもの、後者は同窓会の集まりものだった。

名を上げたのは、「警察日記」（一九五五年）である。会津磐梯山の麓の町が舞台、そこの全員人柄の良いお巡りさんと村人たちのお話である。悪人もちょいとは出て来るが、皆、小悪党で心底からの悪人ではない。まだ青年お巡りさんの三國連太郎、主役は人情の機微を知り尽くした苦労人お巡りさんの森繁久弥。署長も好人物で三島雅夫が演じている。とくに幼い二木てるみの演出が素晴らしい。名監督は概ね子役の扱いでその腕は分かる。最終シーンまで、観る者のこころを幸せにしてくれた。この作品で「久松」の名は映画ファンに知れ渡った。

すぐに、同じ森繁で「春情鳩の街より　渡り鳥いつ帰る」（一九五五年、原作・永井荷風）を撮る。鳩の街の娼婦たちのお話である。そこに戦災で女房子を亡くし生きがいの無い男を森繁が演じ、森繁を喰わせているのが娼家の女将・田中絹代である。娼婦たちに久慈あさみ、桂木洋子、淡路恵子、高峰秀子の布陣、冴えのある出来栄えで、成瀬巳喜男監督にも並んだと思わせた。特筆すべきは、「二十四の瞳」で大石先生を演じた高峰が、流れ者の性悪娼婦を演じている。この役で高峰は一気に「大石先生」イメージを払拭した。

最高作は、「地の涯に生きるもの」（一九六〇年、原作・戸川幸夫）。冬のラウスの番屋守のじいさんを森繁が巧演。これまでの森繁らしからぬ新しい分野を切り開く役柄だった。長男にまだデビュー間もない山崎努、ワンシーン客演で渥美清が酔っぱらいの漁師役で花を添えている。女房を亡くし、三人の息子を海と戦争で亡くした爺。もう生きがいすら今生にはない。老いた体には昔の力もない。一人の男が知床半島の厳冬の中で召されるまでを描いた。森繁はこの撮影の時、名曲「知床旅情」を作詞作曲したと聞く。

深作《ふかさく》欣二《きんじ》

一九三〇年七月三日—二〇〇三年一月一二日
（茨城県東茨城郡出身）

「滅びの美学」の名監督――団塊の世代にとって、東映は山下耕作監督、加藤泰監督の長谷川伸ものの男の美学、男のやせ我慢、任侠美学を観ることで高校大学を過ごしてきた。大学を出る頃か、深作欣二という監督に出会った。

「ファンキーハット」（主演・千葉真一、一九六一年）シリーズは軽妙なノリの出来で、深作欣二と云う名前さえ気にしなかった。「ジャコ万と鉄」（主演・高倉健、丹波哲郎、一九六四年、原作・梶野悳三）も健さんに踊りを躍らせたり、男の美学ではない「ケンさん」を見せてくれた。「狼と豚と人間」（主演・北大路欣也、高倉健、三國連太郎、一九六四年）は、ちょいと骨太の悪の三兄弟をえげつなく描いてくれた。この作品辺りから、山下、加藤両名監督に逆らう骨のある若手監督として、世に注目されるようになった。

一九六六年、イタリアのジッロ・ボンテコルヴォ監督が、「アルジェの戦い」と云うドキュメンタリータッチの凄い実録映画を世に問うた。その力強さに総毛立つ衝撃を受けた。覚悟を決めた人間たちの生きざまをリアリティをもってフィルムに具現した。

この映画を深作監督も観たと思う。そして、何か彼の中で化学反応が起こったのではないかと思う。

「軍旗はためく下に」（主演・丹波哲郎、左幸子、一九七二年、原作・結城昌治）の反骨と正義感と弱い者への惻隠の情。「現代やくざ・人斬り与太」（主演・菅原文太、渚まゆみ、一九七二年）、野良犬の狂犬が既成のヤクザに歯向かい、菅原文太と渚まゆみはボニー&クライドの「俺たちに明日はない」（アーサー・ペン監督、一九六七年）の如くに無残に撃ち殺される。この時、深作はニッポン・ニューシネマの旗手となった。

そしてついに一九七三年、「仁義なき戦い」（原作・美能幸三、飯干晃一）シリーズが世に出た。任侠に飽きたのではない。任侠は東大安田講堂落城の時（一九六九年）、一緒に死んだのである。我々団塊に寄って立つものが無くなっていた。何を頼りに生きていったらいいのか、「仁義なき」の面々が生きていく道を再び示してくれた。特に第二作の「広島死闘編」（一九七三年）北大路欣也が新しい男の生きる道を暗示してくれた。「仁義の墓場」（主演・渡哲也、一九七五年、原作・藤田五郎）、これも新宿のヤクザ石川力夫の実録である。深作は一花咲かせてパッと散る男たちに憐憫の情と、どこか憧れを持っていた。「県警対組織暴力」（主演、菅原文太、松方弘樹、一九七五年）、デカの菅原文太、ヤクザの松方弘樹、お互いにもちつもたれつ差し込みあって生きている。結果、二人とも野良犬のように殺される。デカとヤクザたちの複雑に絡む愚ろさをリアルに確かにこうであろうと、調べつくして描いていた。

深作欣二

弱い人間がどうやって生きていくのか。生きていくことに何か文句があるかと、「滅びの美学」をスクリーンに焼き付けてくれた「儚さの名監督」である。

降《ふる》旗《はた》康《やす》男《お》

一九三四年八月一九日生
（長野県松本市出身）

「男の美学」をフィルムにやきつけた。

――東大の仏文卒ゆえに、東映とは肌合いが合わなかったのではないだろうか。

　上に加藤泰や山下耕作、沢島忠という名監督がいる。石井輝男のような天才もいる。深作欣二や中島貞夫のような近代カツドウ屋もいる。ここで自分の存在を示していくには、相当の覚悟と先輩達とは異なる表現と個性がいる。誰の真似でもない、自分の表現で。そのうえに客層は東映ファンである。仏文ならば実は大映と云う雰囲気だったかもしれない。

　世に名を現し始めたのは、「懲役十八年・仮出獄」（一九六七年）である。安藤昇（元・安藤組組長。組を解散し、松竹に俳優として入る）が松竹から東映に移ってきた。先に先輩加藤泰が「懲役十八年」（一九六七年）を撮る。戦争直後の混乱期を生きる復員兵の善と悪の闘ぎ合いである。その第二作目がまだ三三歳、野心満々の降旗である。義理も人情も、正も邪も、善も悪もない、しゃれていて粋なハリウッド映画的に作り上げた。安藤昇の中でも、最高の映画であろう。「フルハタ」の名が映画ファンの中で揚名した。

降旗康男

　菅原文太起用の「現代やくざ 与太者の掟」（一九六九年）は、やはり深作欣二や中島貞夫の狂犬バイオレンスに狂暴さでは敵わない。だが、「冬の華」（一九七八年）、「駅 STATION」（一九八一年）、「居酒屋兆治」（一九八三年、原作・山口瞳）、「夜叉」（一九八五年）、「鉄道員」（一九九九年、原作・浅田次郎）、「ホタル」（二〇〇一年）での、任侠とは違った健さんのリリシズムを縦横に具現してくれた。どこか寂しさを内包した「男の美学」を確立してくれた。

松林宗恵《しゅうえ》

一九二〇年七月七日―二〇〇九年八月一五日
（島根県江津市出身）

社長シリーズの七割を演出する――我が家は商売屋だったので、日々の小商いの辛さつましさを知っていた。その点、サラリーマンは毎月給料という確かな収入があり、しかも年二回はボーナスもある。さらに「社長」シリーズ（一九五六年～一九七〇年）の森繁久弥社長御一党（加東大介、三木のり平、小林桂樹）は、いつもクラブや料亭で美しいお姐さん方（淡路恵子、新珠三千代、池内淳子、春川ますみ）と遊んでいた。子供心に大きくなったら、必ずや東京の大学を出て、サラリーマンになるぞと決意させてくれた映画である。商売屋は朝早くから夜遅くまで働く、しかも一家総出。家族で一緒にお膳を囲んだ事などない。団欒と云う言葉を知らない。日曜日も祝日もない。大晦日に紅白歌合戦を見たことがない。一月働いて、やっと手形を落したと安堵しても、また翌月の手形が圧し掛かってくる。私にこの下劣なる青雲の志をご教示してくれたのが、松林監督である。

宗恵は「そうけい」と読むのではなく、「しゅうえ」と読む。浄土真宗のお寺の息子である。よって京都の龍谷大に学び、後に日大芸術学部に学んでいる。その後、海軍の予備学生と成り、海軍少尉に任官している。「人間魚雷回天」（一九五五年、原作・津村敏行）は回天こと海の特攻を描いている。松林監督は海軍陸戦隊であり、特攻部隊に居たのではないが、同期及び同時期の同じ学徒

松林宗恵

兵に惻隠の情があり、彼等への衷心からの弔いとして、この映画を作ったと思われる。現に映画の中に自らに模した龍谷大出身の予備士官（髙原駿雄）を投入し、先に散った者たちへの鎮魂として、お経を唱えさせている。
Ｃ調でちょいと助平な森繁社長ばかりを観ていたが、松林の心の中には、海軍への崇敬と、予備士官たちへの強い慰撫の想いがあった。

溝口健二

一八九八年五月一六日―一九五六年八月二四日
（東京都文京区湯島　出身）

堕ちていく女を多く描いた——家が貧しく、学歴は尋常小学校卒である。姉が芸妓となり、大立者の妾となり、彼を絵の塾にやっている。二二歳の時に日活向島撮影所に入る。まだ助監督とかではなく、製作進行係、つまり使い走りである。脚本力があり、二四歳で一本に上がる。一九二三年関東大震災で、向島は潰れ、撮影所長の池永浩久は京都の大将軍に撮影所を移す。池永は筆者の故郷大分県中津市の人間である。溝口は関西に移動してから徐々に開花する。溝口作品を初めて観たのは、筆者が幼児のころの「山椒大夫」（一九五四年、原作・森鷗外）である。毛利菊枝や進藤英太郎が怖くて、多々随所で、瞳を閉じていた記憶がある。幼い時の厨子王役に津川雅彦が扮していた。人買いにかどわかされ、売られていった母（田中絹代）が年老い、目が見えなくなっている。貧しい浜辺の村で「安寿恋いしや、ホーヤレホ、厨

溝口健二

子王恋しいや、ホーヤレホ」の哀しい声は溝口調の哀切感に満ちていた。

長じて、「浪華悲歌（エレジー）」（一九三六年）を観る。若き山田五十鈴の最後のシーン、重く黒い川面を見つめている。自殺するのかと思いきや、グイッと顎を上げて、「わいは不良や」とうそぶき、橋を渡っていく。山田まだ一九歳、この捨て鉢演技で大女優への道を開かせた。女の描き方において、世界中の監督たちに影響を与えた映画だった。

「西鶴一代女」（一九五二年、原作井原西鶴）、御所勤めの美しい女が落ちて落ちて堕ちていくお話である。田中絹代は一〇代から七〇代までを演じている。お伊勢参りの若者たちに、世話役の古老が「こんな化け猫さまでも、買うか」のさらし者にされるシーンは、厚化粧の年老いた女の醜さを田中は真演した。溝口は、前年に作られた「欲望という名の電車」（エリア・カザン監督、脚本テネシー・ウィリアムス）のヴィヴィアン・リーに田中を挑戦させた。

「雨月物語」（一九五三年、原作・上田秋成）の蛇の化身京マチ子を、幻想的な妖《あやかし》の美として陰影を上手に駆使し、官能美を幽玄に顕した。筆者の一番は「赤線地帯」（一九五六年）である。これは戦後すぐの「夜の女たち」（一九四八年）と同じ線上にある。弱い女たちのどうしようもない汚濁の人生を、溝口は自分の使命であるかのように描いてきた。売春防止法案が国会で決まったころの話だ。娼婦たちはそれぞれ貧しさの極致にあり、家庭の事情で、体をひさがなくては生きていけない。生きるから、堕ちていく。溝口独壇場の世界である。とくに木暮実千代のくたびれた肉置《ししおき》に、特飲街の女たちの辛さが象徴されていた。最愛の息子に売春婦であることがばれ、気がふれていく三益愛子が切なく哀しく、堕ちていく女に優しい眼差しを投げかける演出だった。

溝口の脳裏には常に、体を張って自分を援助してくれた姉の姿があったのだろう。五八歳の若さで、修羅場のシャバを後にした。

山本薩夫《さつお》

一九一〇年七月一五日―一九八三年八月一一日（出生　鹿児島市）

社会派の大巨匠――デラシネである。出生地は鹿児島だが、すぐに松山市に移り、旧制松山中学に入学すると、家族で東京に移っている。山本の故郷はどこであろうか、心のふるさとは松山であるような気がしてならない。

映画界に入ってからは、成瀬巳喜男監督に付く。一時岡本喜八監督も成瀬に付いており、兄弟弟子と云える。両者共に、師匠風の作品がない。成瀬は「浮雲」（一九五五年、原作・林芙美子）で例えられるように、男女の世界を描く。二人とも、男女の世界は師匠には敵わないと思ったか、特に山本は社会性、政治性あふれる作品に道を求めた。

代表作は何と言っても、「真空地帯」（一九五二年）である。野間宏の原作をもとに、自身の兵隊時代に虐《いじ》められた真空地帯を具現している。軍隊の内務班とは、不条理と、新兵いじめの巣窟である。人間性をさいなんでいく、軍隊と職業軍人である将校たちの狷介な陰湿さを救いなく描いてくれた。木谷一等兵（木村功）、曾田一等兵（下元勉）の演出に冴えを見せた。

「太陽のない街」（一九五四年、原作・徳永直）では、共同印刷争議をいたずらに暗く描かず、どこか明るく希望を持って描いた。主役日高澄子への演出は、「今に必ず良い日が来る」の鼓舞を観る者へ与えてくれた。自身の東宝争議の体験が生きていたと思う。最後、労働旗を持って進む労働組合の青年（高原駿雄）のモデルは山本自身ではないかと思わせた。他に、この本でも取り上げているが、「戦争と平和」（一九四七年）「武器なき斗い」

山本薩夫

（一九六〇年）と素晴らしい反戦映画を監督している。

大衆の心を摑む娯楽作品にも冴えを見せ、「箱根風雲録」（一九五二年）や「忍びの者」（一九六二年、原作・村山知義）などは息をもつかせぬアイデアに溢れている。

女性の生き様を描いた「荷車の歌」（一九五九年、原作・山代巴）は、一生を苦労づくめの農家の嫁を描き、観る者が皆自分の母の姿を思い、身につまされた。セキ役望月優子の真演を絞り出した監督の演出の手腕は、今観ても絶賛に値する。

渡辺邦男

一八九九年六月三日―一九八一年一一月五日
（静岡県沼津市出身）

プロ中のプロ監督――もちろん、芸術的A級監督ではない。

大衆の喜ぶところを知って撮る。かつプロデューサーを儲けさせるプロ中のプロ監督である。プログラムピクチャーの上を行く、スーパー・プログラムピクチャーである。時間ばかりかけて、フィルムを膨大に使い、製作費が読めない監督とは大違い。映画会社としては重宝する監督である。

とにかくリハーサルの指導がよいのか、テイク1、2のOK主義で、一週間で一本挙げたりとか、「早撮りのワタナベ」の異名をとる。当然、俳優さんにもスタッフにも喜ばれる監督だった。

私が彼の作品を初めて観たのは九歳の時、「明治天皇と日露大戦争」（一九五七年）である。一家で観に行ったと云うか、町中で皆さんといっしょに観に行っていた感

渡辺邦男

があった。明治天皇に嵐寛寿郎、これが実にそっくりなのである。昔の家はお座敷に明治大帝と昭憲皇太后の御真影が高く飾られていた。子供も朝な夕なに眺めるので、本物の陛下が出演しているような錯覚に陥った。話の中心は日露戦争における明治大帝の短歌を中心に据えて、二〇三高地の乃木将軍の戦いと、広瀬武夫中佐の旅順港閉塞作戦や、東郷平八郎提督のロシア・バルチック艦隊との対馬沖大海戦の話である。明治の気概、日本人が最も喜ぶ話であり、とくに戦争に負けた日本人にとって、在りし日のプライドを取り戻させる出来栄えだった。実に大衆の心を摑むのが上手い監督だ。

「日蓮と蒙古大襲来」（一九五八年）も、日本が博多湾で外敵に勝利した話であり、この作品も敗戦一三年目の日本人を鼓舞した。日蓮上人に長谷川一夫が扮した。上記、両作共に多大な興行収入を得た。

とにかく、美空ひばりを起用しての「競艶雪之丞変化」（一九五七年、原作・三上於菟吉）や、「べらんめえ芸者と大阪娘」（一九六二年）シリーズでも映画会社に大儲けさせた。会社を儲けさせる凄腕の監督である。

Ⅲ　戦争の悲劇を演じた俳優たち

＊掲載は五十音順

戦争の無惨さを全身全霊で具現した

誰だって平和が好きである。普通に生まれ、親の愛を受け成長し、できれば成りたい仕事に就き、恋をし、家庭を持ち、子を育み、いつか孫を抱く。人生の荒波は多くあっても、何の恨みもない人と命のやり取りをしなくてはならぬ、戦争だけは御免被りたい。戦争の犠牲は戦争だけで終わるものではない。終わった後もずっとずっとその犠牲は続いていく。

この章で紹介する俳優たちの多くは、戦争を知っている世代である。「誰がこんな戦争を始めたのですか」、その思いを全身全霊で演技に込めている。どの作品も、どの演技も、演技とは思えない迫真さでせまって来る。すべてドキュメンタリーを観ているようである。ドキュメンタリー以上と云っていいだろう。

俳優紹介は男優はこの二倍、女優はこの三倍書いたうえで、残念ながら紙幅に限度があり、割愛した。主に主役級のみを残したが、映画は主役、準主役だけで出来るものではない。脇役の力があってこそ主役が活きるのである。

これら作品を観なおす時、ぜひ脇の俳優たちにも温かい眼差しでご覧いただきたい。みんな必死の思いと形相で、戦争の無惨さを現している。

渥美清

一九二八年三月一〇日—一九九六年八月四日
（東京都台東区出身）

どこか哀しみの滲む名優——初めて映画で観たのは、「地の涯に生きるもの」（久松静児監督、一九六〇年）であった。酔っぱらいの漁師役で、森繁久弥とワンシーン絡む。大森繁相手に、新人とは思えぬ余裕と貫禄があった。この時の「間」の取り方、口調はすでに「フーテンの寅さん」の兆しと云うか、原型が垣間見られた。

筆者が大学時代、東京に居残る自信がなく、卒業したら田舎へ帰ろうとふさぎ込んでいた。そんな時、テレビで「渥美清の泣いてたまるか」が始まった。男の痩せ我慢を教わることで、東京砂漠の暮らしを凌いだ。

♪泣いて泣いてたまるかよーぉ　夢がある
（作詞・良池まもる）

今でも生きていくのが辛い日には口ずさむ。テレビ版「男はつらいよ」では、男の美学と女性との付き合い方を教わった。

♪殺したいほど惚れてはいたが　指も触れずにわかれたぜ（作詞・有近朱実）、——今でも私の血肉になっている。

映画版「男はつらいよ」にもテレビの精神が受け継がれている。片想い、実らぬ恋、されども遠くで相手の幸せを祈る。男はこうでなくちゃね。特に佳いのが第二作「続・男はつらいよ」（山田洋次監督）、寅さん版「瞼の母」である。尋ね尋ねたおっかさんにミヤコ蝶々、連れ込みホテルを経営している。母の情愛の無い、ギリギリの世界を生き抜いてきた女である。優しい言葉の一つもない。金でもたかりに来たかと思っている。現実とはこんなもんだということを教えてくれた。私は全四八本中、これを一番としている。

「白昼堂々」（野村芳太郎監督、一九六八年）。かって実在した泥棒村、あえてどことは書かないが、村人総出の万引き集団、日本中のデパートで大量の盗みを鮮やかに行う。最後は捕まるのだが、なーに刑期を終えたらまたやるぞの奇妙な明るさに溢れていた。

最高作は「拝啓　天皇陛下様」（同、一九六三年）。人

も嫌がる軍隊が大好きな男。「兵隊やくざ」の勝新太郎と田村高廣の如く、渥美演じる山田正助には同年兵の知恵者棟本博（長門裕之）が付いている。戦後、山田（渥美）は棟本（長門）家族のお世話を一生懸命にするのだが、空回りばかり。最後、彼にも恋人（中村メイコ）ができる。明日は結婚式と云う前の晩、大型のトラックにはねられて死ぬ。車にはねられる直前の彼の笑顔の瞳には、そこはかとない哀しみが浮かんだ。「寅さん」だけではない名優だった。

渥美清

井川比佐志

一九三六年一一月一七日生
（満州生まれ、東京都出身）

誠実で素朴で律儀な演技——花沢徳衛や織田政雄、左右田一平、名古屋章の延長線上にある、原日本人のお顔立ちを思わせる役者である。

初めて彼を見たのは、フジテレビ「男はつらいよ」（一九六八年〜六九年）である。寅さんは渥美清で映画と同じだが、テレビの「さくら」は長山藍子、さくらの夫役は映画では前田吟だが、テレビでは井川だった。前田は印刷工だったが、井川は医師だったと覚えている。最終回、奄美大島で寅さんはハブに噛まれて亡くなる。妹さくらとのお別れに公園に亡霊となって現れる。長山は幻影を追いかけるも兄が死んだことを確信し泣く。その長山を優しく励ます夫の役だった。

彼の名を世に高らしめたのは、「家族」（山田洋次監督、一九七〇年）。石炭産業が斜陽となり、家族で長崎伊王島から、北海道の根釧原野にまで移動する、三〇〇〇キロの苦渋の旅を描いた作品である。世の中は大阪万博で浮かれているというのに、南から北へ新天地を求めての過酷な旅である。山田監督も井川も大陸からの引揚者であり、当時の難民が如き苦労をこの映画に込めた感がある。東京の上野の安宿で赤子を亡くす。その扱いの惨めさ、命のはかなさ、せつなさ、井川の哀しみと怒りが観る者を圧倒した。やっとの思いで辿り着いた根釧原野で老いた父（笠智衆）も亡くなる。子を亡くし、親を亡くし、これから初めての酪農業に挑んでいく。何があっても、人間は生きて行かなくてはならない。食べて行かなくてはならない。J・フォード監督の「怒りの葡萄」を髣髴させる名作であり、井川の名演技だった。

「故郷」（同、一九七二年）も、「家族」と同様に食べていくために故郷を棄てざるをえない家族のお話である。瀬戸内海の小島に暮す夫婦、家族仲良く小船で砕石運搬の仕事をしているが、近代化の波で仕事は細り、島を離れざるを得なくなる。一九七〇年代初頭から、日本は、故郷で生まれ、故郷で暮らし、家族を作り養い、故郷の土に成ることができなくなった気がする。井川の表情はそのことを暗喩していた。

「戦争と青春」の工藤夕貴の父親役は、悲惨な戦争の事を話したがらない、日本の律儀で実直で謙虚な庶民の男を寡黙に巧演した。

井川比佐志

池部良

一九一八年二月一一日―二〇一〇年一〇月八日（東京都出身）

青もやしと呼ばれた青年――三一歳の時に一八歳の高校生を演じた。「青い山脈」（今井正監督、原作・石坂洋次郎、一九四九年）での六助役である。当時は三一歳と言っていたが、ご本人のエッセイ『風が吹いたら』（文藝春秋）の中で実は三四歳だったと開陳している。三十路の年齢を微塵も感じさせず。いかにも初々しく溌剌とした高校生に化けていた。池部はエッセイストとしてもつとに有名で、文中「青春時代が軍隊だったから、僕の青春はこのときから始まった」と記している。

原節子に出征前、「青もやし」と綽名を付けられている。その痩せっぽっちの好青年も、「現代人」（渋谷実監督、一九五二年）で義侠心のある都会的なワルを演じ、青い山脈に別れを告げた。

「早春」（小津安二郎監督、一九五六年）では、妻役・淡島千景と倦怠期で、会社のＯＬ岸恵子と不倫する。翌朝の旅館でのシーン、女（岸）を突き放したようなクールさは素晴らしい。

「雪国」（豊田四郎監督、原作・川端康成、一九五七年）での島村役の演技も、駒子（岸恵子）と葉子（八千草薫）の両方に惚れているいい加減な摑みどころ無い男を好演。雪に覆われた越後湯沢の峻厳な山の如く、どこかそっけなくてこれまた佳い。あの甘いマスクで育ちの良い男が、逆の演技をするから冴えるのである。

「暗夜行路」（豊田四郎、原作・志賀直哉、一九五九年）の時任謙作は、池部の育ちの良さがそのまま白樺派作品とあまりにも合い過ぎており、優柔不断であまちゃんな感じがよく醸せた。

筆者が高校二年の時、「乾いた花」（篠田正浩監督、原作・石原慎太郎、一九六四年）を観た。青もやしは脱皮に脱皮を重ね、大きく変化変貌していた。ムショ帰りのヤクザ、古いバシタ（ヤクザの女房の呼称、原知佐子）に飽き、ＢＢ（べべ、ブリジット・バルドー）のような若い冴子（加賀まりこ）に惚れる。現代やくざの虚無的な生きざまを、池部は半眼のニヒルな目付きで乾いた演技を見せてくれた。賭場のシーンはアナーキーなニヒリズムに溢れ、愚連隊でも侠客でもない、心の乾ききったアウトローを真演した。

池部良

上原謙

一九〇九年一一月七日―一九九一年一一月二三日
（東京都出身）

脱二枚目を遂げた名優――時代劇の二枚目が長谷川一夫なら、現代劇は上原である。立教ボーイから松竹に入る。

直ぐに主役に抜擢される。とくに佳いのが、「有りがたうさん」（清水宏監督、一九三六年）、原作は川端康成で原稿用紙五枚ほどの掌篇である。清水監督の表現は原作を越える出来栄えである。

上原は伊豆半島を行くバスの運転手で、往来の人々すべてに、「（よけてくれて）ありがとう、ありがとう」を云い続けながら運転をする好青年である。その日、娘を東京の特飲街に売りに行く母とその娘を乗せて汽車のある駅まで、山間海辺の道を往く。

小説では娘に泣かれて、翌朝、母と娘が再び一旦伊豆の在所に戻るところで終わるのだが、清水監督は娘とこの運転手が所帯を持つであろうことを匂わせて終わる。

原作よりもハッピーエンドでほっとする。原作にはない、道中乗り込んでくる人間たちの描写がどこか滑稽で、それでいて民衆への正義感も注がれており好ましい。特に、当時の人気女優桑野通子が流れ者の酌婦を好演している。彼女がこの作品の狂言回し役である。「ありがとう」を云い続ける以外、上原に台詞はほとんどないが、田舎の純朴な好青年を清らかに誠実に演じていた。

「愛染かつら」（野村浩将監督、原作・川口松太郎、一九三八年）の津村浩三的毒にも薬にもならない善な役に飽きたのか、「めし」（成瀬巳喜男監督、原作・林芙美子、一九五一年）あたりから、二枚目脱皮を図る。岡本初之輔（上原）はしがないサラリーマン、妻（原節子）とは倦怠期である。姪っ子（島崎雪子）に家の中を掻きまわされながら、うだつの上がらない亭主を好演する。

「日本の悲劇」（木下恵介監督、一九五三年）では、妻子がありながら、英語教室の教え子井上歌子（桂木洋子）に手を出し一緒に駆け落ちするダメ亭主を自然体で演じている。お顔立ちがいいだけに、逆に薄情さがうまく浮き上がる。

「晩菊」（成瀬巳喜男監督、原作・林芙美子、一九五四年）、芸者上がりの金貸しに杉村春子、杉村が芸者時代に惚れていた男に上原。久しぶりに田部（上原）が訪ねて来ると云うので、きん（杉村）は朝からお風呂に入り、入念に化粧をし、いそいそと迎えるが、もう昔の颯爽とした男ではない。実は尾羽うち枯らしていて、金を借りに来たと知る。きんの恋心も醒め、彼を邪険に扱いだす。知ってか知らずか、今日、泊っていっていいかいなどと、今は覇気のない、酒にだらしのない落ちぶれた男を巧演した。一生、二枚目で送れたのに、二枚目に飽き足らなかった名優である。この「異国の丘」あたりが端境期だったように思う。

上原謙

宇野重吉

一九一四年九月二七日—一九八八年一月九日
（福井県出身）

しいのみ学園山本先生である——初めて宇野を観たのは「しいのみ学園」（清水宏監督、一九五五年）である。私が小学校一年生の時、学校から先生引率で観に行った。宇野が山本三郎（後・舁地三郎）先生を巧演した。親からの手紙を待ちわびる鉄夫に成り切って観ていた記憶がある。幼い頃の私の顔は鉄夫に似ており、しばらく学校で「テツオ、テツオ」と呼ばれていた。今でもスタッカートで始まる　♪僕等はしいのみ　小さなしいのみ～みんな仲良く　遊ぼうよ遊ぼうよ（作詞西葉子）——は諳んじている。以来、宇野を見るとずっと私にとっては「山本先生」なのである。「第五福竜丸」（新藤兼人監督、一九五九年）は、家族で観に行った。ビキニで被爆し、死の灰を浴びる。政治にも翻弄される「久保山愛吉」無線長の死までを真演した。ビキニは水爆だったが、父母や姉と一緒に「原爆許すまじ」の二番を特に唄っていた。

日活の裕次郎物にもよく出演していたが、悪役は観たことがない。面白いところでは、「鉄火場破り」（斎藤武市監督、一九六四年）で、宇野と裕次郎は父子の役、二人とも壺振りの名人である。もう鉄火場から足を洗っている宇野が、息子の窮地を助けるために大勝負に臨み、そして勝つ。相手役の山茶花究もなかなかの好演だった。宇野の賭場物は非常に珍しい。

長じて、「愛妻物語」（新藤兼人監督、一九五一年）を観た。これは新藤監督のシナリオ修業時代のお話である。親の反対を押し切って追いかけてきた妻に乙羽信子、脚本はものにならず、妻の内職で食べている始末。やっと坂口監督（滝沢修、モデルは溝口健二監督）に採用されるが、妻は過労による結核でこの世を去る。若き日の新藤をおろおろと真演した。

最高作は、「痴人の愛」（木村恵吾監督、原作・谷崎潤一郎、一九四九年）。京マチ子の肉体におぼれていく、インテリ中年男を巧演。以後、同役を船越英二、小沢昭一と演じたが圧倒的に宇野がいい。「そういう男」ではないと思われる宇野が、やはり「そういう男」だったかの、ギャップがすこぶる利いていた。おおむねは社会派の名優である。

宇野重吉

岡田英次

一九二〇年六月一三日―一九九五年九月一四日
（千葉県銚子市出身）

人間の表と裏を演じ分ける――三十歳の時、ノーブルな端正なお顔立ちを持って、「また逢う日まで」（今井正監督、一九五〇年）の主役を演じる。久我美子とのガラス越しの接吻で世間から騒がれた。

巷を進駐軍が行き来していた。敗戦から五年後のキスシーンである。「戦争は終わった」「生きて行こうよ」と、映画の力で世の中を変えてくれた。

木村功とは盟友であり、「真空地帯」（山本薩夫監督、原作・野間宏、一九五二年）では木村を立てるべく、兵隊なんぞに何の情もない法務少尉をクールにニベもなく演じている。かと思えば、名作「おかあさん」（成瀬巳喜男監督、一九五二年）では、父を亡くし、母と二人でクリーニング店を切り盛りする香川京子を、明るく支える好青年を好演している。はたまた、「雲ながるる果てに」（家城巳代治監督、一九五五年）では、若い学徒兵をどんどん特攻に出し、失敗すれば鼻でせせら笑っているような海軍兵学校出身の唾棄すべき将校を演じる。

「人間魚雷回天」では東京帝大生でカント哲学を研究している学徒を淡々と巧演している。「国の為」もさることながら、このニッチもサッチもいかない状況を宿命として甘受している。しかし、心の根底には「こんなバカなことを誰が始めたのか」の強い思いをもって、海の藻屑と消えていく。岡田は確固たる信念を持って、自らの役を選んでいる。善の役ばかりでは人生は描けない。二枚目だけでは飽き足りない。悪にも大いに徹底的に挑んでいる。

長じてから、日本の名作中の名作「砂の女」（勅使河原宏監督、原作・安部公房、一九六四年）を観た。彼は昆虫採集に来た砂丘で、砂底の家に閉じ込められる。あがけどもその砂底を出ることはできない。やむなく砂の女・岸田今日子と暮す。いつもいつも、この砂底から逃げ出そうと機を覗っている。何度も挑戦し、失敗し、逃げることを諦める。最後は再びこの砂底の家に自ら戻ってくる。諦めてこそ、男。去勢されてこそ、男である。一生を無名で一人の女に捉われて生きていく、男の生き方を見せてくれた。岡田は常に人間の表と裏を演じたかったのだろう。

岡田英次

奥田瑛二

一九五〇年三月一八日生
（愛知県春日井市出身）

力演にして熱演の人——初めて見たのはＮＨＫテレビの「宮本武蔵」（一九八四年）での、本位田又八役である。武蔵に役所広司、又八役は脇だが普通の人間の中にある五欲を顕す重要な役である。

映画での稲垣浩監督版「宮本武蔵」シリーズ（一九五四年）では、又八を三國連太郎が演じており、この時武蔵は三船敏郎、お通に八千草薫、佐々木小次郎に鶴田浩二である。内田吐夢監督版の「宮本武蔵」シリーズ（一九六一年）では、木村功が又八を演じている。因みに武蔵に中村錦之助、お通に入江若葉、小次郎に高倉健という布陣である。常に武蔵と小次郎が主役・準主役に見えるが、実は人間の欲を殺して武芸の道を行く武蔵と、逆に生身の人間の道を行く又八、両方あいまって主役と云える。

とくに三國、木村という名優中の名優が演じており、テレビといえども奥田は名優の席に列せられたと云えるる。

「もう頬づえはつかない」（東陽一監督、原作・見延典子、一九七九年）では、奥田らしくない役どころを与えられている。女にクールな森本レオとは逆の方が奥田の魅力は活きただろう。

翌年の「五番町夕霧楼」（山根成之監督、原作・水上勉、一九八〇年）の学生僧・正順役は、同じ「五番町夕霧楼」（田坂具隆監督、一九六三年）の河原崎長一郎の演技と比べて観てしまった。オドオドとした深さ暗さでは長一郎に軍配は上がる。

「海と毒薬」（熊井啓監督、原作・遠藤周作、一九八六年）の、生体解剖に立ち会う若い医学生を演じている。命を助ける医者でありながら、命を実験で奪っていく良心の呵責に悩み続ける勝呂役を熱演する。渡辺謙が演じたクールでニヒルな戸田役と入れ替わっていても面白かっただろうと思える。

「千利休　本覺坊遺文」（熊井啓監督、原作・井上靖、一九八九年）では、利休の弟子本覺坊を好演している。利休の死を、織田有楽斎（萬屋錦之介）に伝えていく役どころであり、奥田流オーバーアクトが抑制されており、確かな進化を感じた。

最高作は、「ひかりごけ」（熊井啓監督、原作・武田泰淳、一九九二年）、「野火」（原作・大岡昇平）や、「海神丸」（原作・野上弥生子）とはまた視点の異なったカニバリズム作品である。船長と隊長二役の三國連太郎との共演で相当に強く深い影響を受けたように思える。三國は完全に役に取り憑かれており、狂気の沙汰である。奥田は三國の狂気に負けじとおびえ怯《ひる》み狂い、「野火」（市川崑監督、原作・大岡昇平、一九五九年）での滝沢修と対峙するミッキー・カーチスにも劣らぬおののきを見せた（詳しくは、本書Iの「野火」の項を参照）。

奥田瑛二

乙羽信子

一九二四年一〇月一日―一九九四年一二月二二日
（鳥取県西倉吉町出身）

成りきり御免の名女優――夫の新藤兼人監督は一八年遅れて、彼女を追いかけた。今頃はまたあちらで彼女を主役に映画を撮っていることだろう。

乙羽は迫真力では日本一の女優と云っていい。瞠目したのは「縮図」（新藤兼人監督、一九五三年）である。否応なく底辺に堕ちていく女の話である。貧しい靴職人（宇野重吉）の娘役、父親は甲斐性がなく体も強い方ではない。母（北林谷栄）もまたオロオロしているだけで、明日の展望は一切見えない。芳町（日本橋人形町界隈の花街）から芸者に出される。初々しい生娘の演技から、次第に男のおもちゃとなり、男たちの実の無さを知るあたりから、徐々に女に変貌していく。騙されても騙されてもそれでも男を信じている。東北に売られ、土地のボンボンに騙され、また東京に舞い戻る。置屋の大将に手籠めにされそうになり、体を壊し、家に戻る。もうこの商売は嫌と言い乍らも、泣く泣くまた芳町に戻っていく。苦界に身を落としていく流転の女の儚さを巧演した。乙羽二九歳、この時、演技に開眼したと読む。

「裸の島」（新藤兼人監督）では、殿山泰司と夫婦役、瀬戸内海の水のない小島の小作。毎日何度も伝馬船で対岸の島まで水を汲みに行く。櫓を漕ぐ細腰があまりにも嫋嫋《じょうじょう》として不憫なものを感じさせた。有名なドキュメンタリー・タッチの無言劇であるが、長男を亡くした一瞬に、彼女の泣き声が入る。貧しさゆえに子を亡くした母の口惜しさを、貴重な水を乾いた土にぶちまけることで、宿命への怒りを完璧に現した。この時の母親像が、「母」（同）や、「竹山ひとり旅」（同）の、深い盲愛ともいうべき日本の母の姿に繋がった。

　母は偉大なり、教養も品も無いかもしれないが、子を思う気持ちだけは誰にも負けない。そんな愚かな愛せる母を演じきれるのは、望月優子と彼女しかいない。

　異色と云えば、「香華」（木下恵介監督、一九六四年）、身持ちの悪い男好きの淫蕩な母親を演じた。主役は岡田茉莉子である。幼い娘を置屋に売り、自分は男と逃げる。老いてからは芸者として出世している娘（岡田）の世話なるのだが、乙羽の剣呑で奔放で蓮っ葉な演技に呑まれてしまった。真演から神演の名女優。彼女ほどの女優は今はもういない。

乙羽信子

香川京子

一九三一年一二月五日生
（茨城県麻生町出身）

清純清楚だけではない——女性の持つ二面性を見事に演じ分ける名女優である。

初めて彼女を観たのは筆者がまだ幼児の時、家族で観に行った「山椒大夫」（溝口健二監督、一九五四年）、安寿の役である。安寿（香川）は山椒大夫の荘園から弟・厨子王を逃がし、焼き鏝の折檻を受ける前に、入水して果てる。池面の波紋が今も脳裏に残っている。

「おかあさん」（成瀬巳喜男監督、一九五二年）では、三島雅夫と田中絹代が演じる夫婦の娘役。クリーニング店再興の過労がたたり、父（三島）は早くに亡くなる。母（田中）と一生懸命、健気に明るく生き抜いていく、涙ぐましい作品である。ナレーションも彼女の声である。

長じて観た「稲妻」（成瀬巳喜男監督、一九五二年）に、兄を演じる根上淳の妹役で出ている。主役高峰秀子の母役・浦辺粂子は四人とも父親の違う子供達を生んでいた。兄妹ともども泥沼の暮しである。清子（高峰）は最底辺のふしだらな兄、姉たちの「ずるずるべったり」の暮らしに嫌気がさし、母を捨ててこの家を出る。見つけた下宿の隣家に国宗つぼみ（香川）と兄（根上淳）の兄妹が自分たちとは真逆の美しく健やかな暮らしをしていた。清子の憧れの暮らしだった。本映画の本線に関わってはこないが、香川は清楚な娘を好演した。

「ひめゆりの塔」はこの翌年に作られており、清楚で気丈なひめゆり女学生を巧みに演じた。名作「東京物語」（小津安二郎監督、一九五三年）では、笠智衆と東山千栄子が扮する夫婦の末娘を演じている。薄情な長男、長

香川京子

女、次男を描いているのだが、冒頭の夫婦が上京するシーンと、東山が急逝してからの尾道でのシーンにしか登場しない。これもまた親思いの清楚な小学校の先生を静かに好演した。

では、彼女の役柄は常に清楚で清純で明るい娘なのか、さにあらず。

「猫と庄造と二人のをんな」（豊田四郎監督、一九五六年）を観ると、ぶったまげる。山田五十鈴を追い出した夫・庄造（森繁久弥）の二番目の女房として嫁いで来る。金持ちのドラ娘、家事、料理、掃除、店の手伝いを一切しない。貞操観念も何もない、破廉恥なアプレゲールである。この取得のない女を恥も外聞もなく真演した。

「近松物語」（溝口健二監督、一九五四年）では、大俳優長谷川一夫の胸を借りて、まだ若い身空で一歩も引けをとらなかった。「昼下りの情事」（ビリー・ワイルダー監督）の、大俳優ゲイリー・クーパーと若いオードリー・ヘップバーンの組み合わせより、早いキャスティングだった。「赤ひげ」（黒澤明監督、一九六五年）での、色情狂女役もお見事でした。

加東大介

一九一一年二月一八日—一九七五年七月三一日
（東京都出身）

真の役者、唸るほど巧い——映画の質はともかく、彼が出ている映画の、彼の演技だけは破綻がない。すべてレベルを超えている。いぶし銀の名俳優、脇役において日本一の演技力と云って過言ではない。

初期は、「人情紙風船」（山中貞雄監督、一九三七年）、「生きる」（黒澤明監督、一九五二年）、「用心棒」（黒澤明監督、一九六一年）などではヤクザのチンピラ役をやっている。台詞数はあまり多くはないが、フィルムの端に写っていても、表情、体の構え、目の動きに寸分の緩みもない。

「七人の侍」（黒澤明監督、一九五四年）の七郎次あたりから良い役に付く。最終シーン、島田勘兵衛（志村喬）と共に村人の田植え風景を見ながら、また生き残りましたなぁの風情、眼差しは清々しく美しい。

森繁の「社長シリーズ」（主に松村宗恵監督、一九五六〜一九七〇）でも、皆C調な中、独り堅実な幹部を好演している。「社長三代記」（松林宗恵監督、一九五八年）、「続・社長三代記」（同）では出世して、社長の座にも就いている。ずっと森繁が社長だったと思われている方、ぜひ誤解の無きよう。

「血槍富士」（内田吐夢監督、一九五五年）での、酒で失敗する箱持ち奴役、「秋刀魚の味」（小津安二郎監督、一九六二年）での、笠智衆の海軍時代の部下役、「早春」（同、一九五六年）での杉山役池部良の戦友の鍋屋役、いずれも軽妙で人を喰っていて小憎らしい。

「おかあさん」（成瀬巳喜男監督、一九五二年）では、三島雅夫の弟分のクリーニング職人で、三島の死後、三島の妻田中絹代や娘の香川京子を助けて、店を軌道に乗せてさらりと去っていく。「放浪記」（成瀬巳喜男監、原作・林芙美子、一九六二年）では、林芙美子役高峰秀子の隣室の男で、いつも空腹の高峰を助け、晩年までプラトニックな思慕を通す。いずれも男のあらまほしき姿を誠実に巧演している。「南の島に雪が降る」（久松静児監督、原作・加東大介、一九六一年）の加東軍曹も人間味あふれていてスキの無い演技をする。

打って変わって、「鬼火」（千葉泰樹監督、原作・吉屋信子、一九五六年）では下種なガス集金人を演じる。ガス代を払えぬ津島恵子に体で払わせようとするが、津島は最後の矜持を守り、病で寝たきりの夫を絞殺し、自らは台所で首を吊る。ガスの青い炎だけが青く地獄の鬼火のように燃え続けている。この時の加東の怯《おび》えの演技は、普通の人間の中にある嫌らしく小さな悪性の反動を神演した。もう一本、「女が階段を上る時」（成瀬巳喜男監督、一九六〇年）、高峰秀子が雇われママを演じている銀座のクラブの客。誠実で温厚で謙虚な紳士と思いきや、すべて偽りの詐欺師。おもて面では分からぬ人間の内面の本性を真演した。

善悪、律儀、俗悪、すべてを演じ切れた自在の名役者である。

加東大介

上川隆也

一九六五年五月七日生
（東京都八王子出身）

喜怒哀楽、何でもこなせる――三〇歳の時（一九九五年）、ＮＨＫ七〇周年記念企画ドラマ「大地の子」の主役に大抜擢される。

ドラマ放映中から、その演技力の巧みさ真演さに一気に世に揚名する。成りきり御免の見事さで、茶の間から賛辞の声が噴出。「陸一心」役は日本の孤児で苦労苦労の連続なのだが、良い養父母に育てられ、学問を授けられる。養父母は一心を真実自分たちの子として深い愛情で育てている。幼い時の生き別れの妹との再会、そして妹の死。日本中が涙した名場面を迫真の演技力で具現化した。

もうあとはイケイケドンドンの快進撃で、映画テレビに出まくっている。とくに舞台は劇団「新幹線」への客演が多く、よほど古田新太と呼吸が合うのだろう。ケレン物の演技も鮮やかにこなす。舞台、テレビ、映画それぞれに演じ方を変えている。軽妙な現代劇も、コメディも、重喜劇も、シリアスも、時代劇も、硬軟すべて器用に達者に演じ分ける。テレビが主力になっているが、舞台第一、映画第二で頑張ってほしい。原田芳雄亡き後の坂本龍馬は上川が一番だった。

上川隆也

河原崎長十郎

一九〇二年一二月一三日―一九八一年九月二二日
（東京都出身）

くぐもった役に冴えを見せる――筆者は学生時代、武蔵野市吉祥寺南町の前進座そばのアパートで暮らしていた。銭湯は前進座横にあり、息子さんの長一郎さんや、次郎さん、建三さんたちと湯船で遭遇することもあった。すでに四八年くらい前（一九六九年）の話である。

河原崎長十郎は前進座創設のメンバーで座頭である。特に盟友・中村翫右衛門とは多くをコンビで出演しており、品と儚さの長十郎、図太くてヤクザな翫右衛門の対比で、生きていくことの辛さ厳しさを炙り出していた。

団塊の生まれとしては、長十郎の映画をリアルタイムで観たことはもちろんない。すべて長じてから、名画座などで拝見した。

「河内山宗俊」（山中貞雄監督、一九三六年）、宗俊に長十郎、金子市之丞に翫右衛門、甘酒売りの娘に原節子、原一六歳の時である。まあ、河竹黙阿弥原作の天保六歌撰ものだが、山中の手に掛かると江戸時代青春ヤクザチンピラ映画である。強《こわ》ゆすりの長十郎、剣客の翫右衛門、そこにトンマな侍として高勢実乗と鳥羽陽之助コンビ、端役だが若き日の市川莚司（加東大介）が出ており、長十郎の貫録の演技が楽しめる。

「人情紙風船」（一九三七年）も同じ山中監督、海野又十郎に長十郎、髪結新三に翫右衛門といったゴールデントリオ。ここにも市川莚司は出てくる。海野又十郎（長十郎）はずっとだまされており、士官の道は途絶える。女房と武士の意地で自害するのだが、長屋の人間たちは誰がどうなろうが、人が死ねば今日も通夜、また酒が飲めるとお祭り騒ぎ。死んだらおしまいなのである。長十郎は先の河内山とはまた違った初々しく涙ぐましい演技をした。

最高作は、「どっこい生きてる」（今井正監督、一九五一年）、戦後のニコヨンたち、女房子を抱えているが仕事にありつけない。妻子を田舎に返すのだが、居辛くてまた出てくる。花村（中村翫右衛門）と水道管を盗むが露見する。毛利修三（長十郎）は暮らしに極まり、万やむを得ず一家心中しようと今生の別れに遊園地で子供を遊ばせる。子供が遊園地の池でおぼれ、思わず必死で助ける。命の大切さ、自分の不甲斐なさ無責任さに気づき、再び職安の列に並ぶ。昭和二六年の作品である。日本中、一家心中が多かった。めげずに怯まずに子供を育てて生きていこうよと、示唆した名作だった。長十郎のオドオドとした、生き方下手の。演技が心を打った。

河原崎長十郎

岸田今日子

一九三〇年四月二九日―二〇〇六年一二月一七日
（東京都杉並区出身）

粘着質の特異な色気――時々、古い映画を観ていると無名の彼女に遭遇する。「にごりえ」（今井正監督、一九五三年）は、樋口一葉の「十三夜」「大つごもり」「にごりえ」のオムニバス三部作である。この第二部「大つごもり」に地主で家作を多く持つ家のお嬢様役で出演している。主役は久我美子で、岸田に台詞はほとんどない。美しいおべべを着て、羽根つきをしているくらいの役である。岸田ほどの女優でも、こういう端役の時期があったのかとしばらく目で追った。

「濹東奇譚」（豊田四郎監督、原作・永井荷風、一九六〇年）でも、玉ノ井の娼婦の一人として出ている。山本富士子が高熱を出すと、客の手を借りず、「私たちのことは、私たちでやるんだよ」の台詞を貰っている。下賤の身でも助けはいらないの強い矜持を出している。

彼女の個性はあのハスキーでセクシーな声である。

「黒い十人の女」（市川崑監督、一九六一年）では、テレビ局のプロデューサー役船越英二の五番目の女を奇妙な味わいで好演。山本富士子、岸恵子、宮城まり子、中村玉緒といった錚々たる女優陣に混じって、若い女の感情の起伏を上手に表現した。

名作「秋刀魚の味」（小津安二郎監督、一九六二年）に、トリス・バーのママ役で出ている。主演の笠智衆（平山周平）が息子（佐田啓二）を連れてやってくる。平山はバーのママ（岸田）に亡妻の面影を見ている。「母さんに似ているだろう」と嬉しそうに云う。息子は「そうかなぁ」と打て合わない。ママ（岸田）が銭湯から帰って来るシーンがある。女の色気に満ちている。軍艦マーチを掛けるところや、海軍式の敬礼のしぐさも、なかなかに色っぽい。台詞は少ないが、良い間、良い味、良い色気を醸した。

「卍」（増村保造監督、原作・谷崎潤一郎、一九六四年）では、若尾文子と二人、大胆なレズビアンを演じた。とはいえ男がいなくてはつまらない女たちでもある。ストーリーにそれぞれの女の愛人と夫が絡む。いやはや、恐れ入りました。

「海と毒薬」（熊井啓監督、原作・遠藤周作、一九八六年）では、九州大学の医学部で行われる米兵八名の人体解剖実験、すさまじいシーンが展開される。この大学病院の外科の看護婦長に岸田。悪魔の解剖を怜悧冷酷に表情一つ変えず、教授陣の手助けをする。赤い血ではなく、体の中に青い血が流れているような役が岸田には似合っていた。

最高作は何といっても、「砂の女」（勅使河原宏監督、原作・安部公房、一九六四年）である。砂底に降りてきた男にかしずき、徐々に虜にし、運命に逆らわずに生きていく女。特殊な状況でのメタファー劇であるが、普遍的な日本の女の諦念と粘着性を真演した。

岸田今日子

岸旗江《はたえ》

一九二七年二月一六日―二〇〇八年一一月一七日
（名古屋市出身、出生は清水市）

戦後の女をオロオロと演じる――敗戦直後一九四六年の東宝第一期ニューフェイスである。気丈なお顔立ちと云うより、時代や男性に左右されそうな、当時の女性の弱さ脆さ、あやふやさを表情の中に湛えている。どこか哀しいのである。

この年の東宝同期は錚々たるメンバーが採用されている。三船敏郎（すぐに「野良犬」で男を上げる）、伊豆肇（「戦争と平和」は素晴らしかった）、久我美子（「また逢う日まで」のガラス越しの接吻は美しかった）、若山セツ子（「次郎長三国志」での次郎長の女房お蝶役は明るくてうってつけの役だった）、堀雄二（「銀座化粧」での爽やかで清潔な青年役は彼の一生涯のイメージを決定づけた）、そして、岸である。あ、そうそう姑息な役の上手い堺左千夫もいた。

デビュー作「戦争と平和」（山本薩夫監督、一九四七年）は相当に難しい役に宛てられている。夫（伊豆肇）は戦地に行ったまま敗戦となる。夫の復員を待っているが、音信は無い。そこに戦死広報が届く。夫は戦死したものと思い、夫の幼馴染の友（池部良）と一緒になる。そこに夫が戻ってくる。ことや遅しである。このボタンの掛け違いの罪は戦争にある。二人の夫の真ん中で、身もだえするような罪悪感を岸の哀しい表情は十二分に現していた。とても新人のデビューとは思えない出来栄えだった。続けて、「こんな女に誰がした」（山本薩夫監督、一九四九年）に主演。星の流れに身を占うしかない、不可抗力の性の過失で堕ちていく女を真演した。

岸旗江

一九四六―四八年の東宝争議で、レッドパージ（共産党及びそのシンパを公職や企業から追放）を受け、山本薩夫監督や亀井文夫監督系の独立プロに出演する。汗と泥にまみれた不運で不幸な女性の役が似合った。

北林谷栄《たにえ》

一九一一年五月二一日―二〇一〇年四月二七日（東京都出身）

若い時から貧しい老婆役――北林は銀座生まれ、学校も山脇女子、天下のお嬢様学校を出ている。つまり、筆者が知っている北林の役柄とその出自は、天と地ほどのギャップがある。

二〇代半ばから舞台に立っているが、その頃のメンバーが凄い。滝沢修、宇野重吉、小沢栄太郎、信欣三などの名優ばかり、皆で「劇団民藝」の元を創設している。老婆役と云えば、今日では樹木希林であろうが、筆者が幼い頃は毛利菊枝、飯田蝶子、浦辺粂子、浪花千栄子らで超一流の芸達者ばかりであった。

成瀬巳喜男監督が戦後の闇の女たちを描いた「白い野獣」（一九五〇年）に、脳梅毒で狂い死にするパンパンを熱演している。「醜聞（スキャンダル）」（黒澤明監督、一九五〇年）では、貧しさのせいで卑屈になった老弁護士（志村喬）の妻を哀しく演じる。「原爆の子」（新藤兼人監督、一九五二年）では、爆心地相生橋近くの土手の掘っ立て小屋で暮らす老婆を巧演する。「縮図」（同、一九五三年）では、これ以上貧しい暮らしはないといった、靴職人（宇野重吉）の妻をオロオロと演じた。「ビルマの竪琴」（市川崑監督、一九五六年）では、関西訛りのカタコトの日本語を話すビルマの物売りのバアさんを好演した。囚われの捕虜生活に北林の明るい演技力で希望の曙光をもたらせていた。

打って変わって、「炎上」（市川崑監督、原作・三島由紀夫、一九五八年）では、主役市川雷蔵の母役（北林）を演じる。溝口吾市（市川雷蔵）は美しい「聚閣寺」が好きな病身の父を慕う。母は父を裏切っている。吾市はずっと母には心を開かない、唾棄すべき存在と考えている。母は寺を守るため、子の行く末を思い、汚れの中を生きている。子が寺を焼いたことで責任を取り自殺するのだが、重く辛く救いのない役を真演した。「にあんちゃん」（今村昌平監督、一九五九年）では、本物かと見紛うほどの演技力で在日のおばあさんを実に狡賢く巧演。出色は「キクとイサム」（今井正監督、一九五九年）、混血児の孫二人を育てている貧しいお百姓の老婆。弟イサムはアメリカに貰われていく。姉キク一人を養育するのだが、世間の白い目に負けぬようしっかりと導いていく。最終シーン、キクを連れて畑に向かう後姿は、何度見てもその上手さに唸ってしまう。

四〇歳から老婆役を始めた名女優中の名女優である。

北林谷栄

北村和夫

一九二七年三月一一日—二〇〇七年五月六日
（東京都新宿区出身）

今村昌平組の名優——人間は性善説でも性悪説でもなく、「性欲説」であるということが今村昌平映画によく現れている。

北村のお顔の中には知性があり、今村映画に出ることは少し痛々しいものを感じていた。

初めて観たのは、「にごりえ」（今井正監督、一九五三年）、これは樋口一葉作品のオムニバスで、北村は第二話の「大つごもり」に、伝言だけの車夫としてワンシーン出ている。台詞も一言ある。まだ二六歳、ほんの端役だった。これが初めての映画デビューではないだろうか。

文学座の舞台で鍛えている割には、オーバーアクトが無く、普通の自然な演技をする。そこが好もしい。杉村春子を支えて、文学座の主軸を務める。舞台「欲望という名の電車」でのスタンレー役は、エリア・カザン監督のハリウッド映画のマーロン・ブランドには比肩できないが、日本では彼を置いて他にない。

「にっぽん昆虫記」(今村昌平監督、一九六三年)での、松木とめ(左幸子)の父親役。父(北村)が死ぬ前に、とめが乳を含ませる。生と性への執着心をよく具現した。「猟人日記」(中平康監督、一九六三年)での、弁護士役が北村のお顔立ちにはきっちりと似合っているが、本人はその手の役柄に嵌ってしまうことを敬遠したのだろう。「神々の深き欲望」(今村昌平監督、一九六八年)では、島の中の欲望に呑まれていく、都会から来た技師を巧演。太トリ子(沖山秀子)との愛欲シーンは忘れ難いし、彼の脱皮でもあった。

「復讐するは我にあり」(今村昌平監督、佐木隆三原作、一九七九年)、この映画の美味しい処は緒形拳と三國連太郎ふたりが持って行ってしまっているが、北村の嫌らしさもなかなかにいい。浜松の連れ込み旅館を自分の女(小川真由美)にさせている強欲オヤジである。流石、今村組と唸らせる狒々《ひひ》な犯し方をした。最高作は、「黒い雨」(今村昌平監督、井伏鱒二原作、一九八九年)、姪の高丸矢須子(田中好子)を実の子のように可愛がり、嫁ぎ先とその行く末に腐心する叔父を巧演した。村の友、妻、皆みんな原爆病を発症し息絶える。ついには矢須子にもその日が来る。矢須子が運ばれていく救急車を見守る諦めの悔しさの表情が絶妙だった。「赤い橋の下のぬるい水」(今村昌平監督、二〇〇一年)では、すべての欲望はすでに昔のことと解脱していた。

善人から強欲悪人、かつ隅《すみ》の無口役までいろいろな演技を見せてくれた、余韻残心のある役者だった。

北村和夫

木村　功《いさお》

一九二三年六月二二日―一九八一年七月四日
（広島市出身）

悔しさと哀しさの眼差し――二枚目ではないが、二枚目の雰囲気を持っていた。心を表に現さない、寡黙な演技をした。真のリアリティとはそういうことである。木村は心模様を眼差しで顕す。彼の醒めた瞳は、悔しさ哀しさを怒り、万感の人間の感情を多彩に静かに表現した。二二歳の時、広島の原爆で両親を亡くしている。彼の醸す内向性はそこに起因していると読む。

「野良犬」（黒澤明監督、一九四九年）では、殺伐として荒廃しきった復員兵を巧演する。最後、村上刑事（三船敏郎）に追い詰められた時の無様さは、新人とは思えぬほどの迫真の演技であり、息を呑んだ。

一転、「山びこ学校」（今井正監督、一九五二年）では、山形の新制中学の先生を演じる。モデルは原作者の無着成恭先生である。貧しい農家の子ばかり、家の手伝いで学校に来られない子も多い。

無着先生（木村）の台詞がいい。

「誰だってきれいな服、着てえなぁ。俺だって、きれいな服、着てぇ。だけど、おめぇらが今一番必要なものは、勉強だ」

戦後すぐの話、お父さんが南方で戦死した家の子は、食べていけないから売られた。木村の演じる先生の家はお寺。住職の父から注意を受けると、こう切り返す。

「おれは、生きた仏様、預かってんだ……父ちゃんは死んだ仏様、預かってるけど……」

心を打つ、素晴らしい演技だった。芯が入っていた。

「雲ながるる果てに」（家城巳代治監督、一九五三年）、海軍兵学校組に苛められる、学徒特攻兵の話である。主役は大滝中尉を演じる鶴田浩二であるが、準主役としてこの戦争に疑問を抱いている厭戦的学徒中尉を演じる。「神よ、神よ」と煽てられながら、実は裏では「代わりはドンドンいる消耗品」と馬鹿にされていた。深見中尉（木村）は腕を敵の空襲で撃たれ、特攻から外される。同年兵の大瀧中尉（鶴田）の煩悶と悩みを知り、急遽、自ら志願し特攻へ加えてもらう。戦争に疑問は有れども、同期の友たちと一緒に死にたかった。最後、大瀧中尉と共に「極めて、健康」とばかりに颯爽と飛び立つ。海兵組に、消耗品の散り方を見せつけるためだった。皆、疑問を持ちながらも敵艦目指して飛んで行った。これもまた、木村らしい逡巡の名演技だった。

最高作は、「真空地帯」である。将校以上はみんな腐敗している大阪歩兵三七聯隊内の話。木谷一等兵を演じる。恨みのある中尉に意趣返しをするも、所詮、蟷螂の斧。逆に最前線へと送り出される。輸送船の船底での、木村の顕す虚無感と諦念の漂わせ方は尋常ではなかった。

木村功

河野《こうの》秋武《あきたけ》

一九一一年一〇月八日―一九七八年三月一七日
（長崎県南高来郡出身）

内面の葛藤力の凄い俳優――内面の葛藤、善悪いずれかの転び、気弱な人間を演じさせれば比類なき演技力を発した。名性格俳優である。

生まれは長崎県の現在は島原市、九州男児である。

彼を初めて観たのは、「山椒大夫」（溝口健二監督、原作・森鷗外、一九五四年）、山椒大夫役進藤英太郎の息子役で、悪辣な父とは正反対のやさしさを持つ男、父の荘園を去り、僧となり、厨子王を匿い救う。付け鼻をつけた怖い進藤の残虐さの中で、河野の役は子供心に地獄で仏を思わせた。

「わが青春に悔なし」（黒澤明監督、一九四七年）では、京都帝大の八木原教授（大河内傳次郎）の教え子、同じ学生ながら野毛隆吉（藤田進）とは違い、転向し、体制側の検事となっていく。野毛の妻役を演じた原節子に嫌悪される役を巧みに演じた。出世で勝って、人生に負けたエリート、雨に濡れながら原のもとを去っていく、自己嫌悪の姿が反面、心を打った。

彼の最高作は、筆者の勝手ながら、「日本戦歿学生の手記　きけ、わだつみの声」（関川秀雄監督、一九五〇年）である。職業軍人や古参兵から蔑まれる学徒兵。東京帝大でフランス哲学を学んでいた優秀な学生たちの末路。河西（河野）は東大自治学生会委員長で主義者のレッテルを貼られ、特高に逮捕され、母のことを思い転向する。当時、転向させられた学生は必ず過酷な最前線へと送られた。「わが青春に悔なし」とは全く正反対の反骨の役である。

河西（河野）はビルマ戦線に送られる。心では挫折させられた転向を卑怯と思い、どこか覚めて諦めている。もう昔の東大委員長の面影は無いが、この理不尽な陸軍と云う組織の中で一兵卒として戦っている。すでに食するものはなく、兵たちは栄養失調やマラリヤ、デング熱に犯されている。河西一等兵（河野）は大隊長の馬を深夜連れ出して殺し、病の兵たちに喰わせる。

事は露見し、ジャングルの奥で、学徒を心底憎む職業軍人役の原保美から撃たれる。河西は撃たれるとまでは思っていなかったようだが、この馬鹿な戦争、この馬鹿な軍人たちにすでに諦念と諦観を持っていた。徐々に意識が薄れていく河西の体の上に、岸野中尉（原）は隠していた河西の母親からの手紙を憎々しく無造作に撒く。息を引き取る刹那、か細く「お母さん……」と呟く。

河野自身、神経質で姑息な役柄が多かっただけに、十全の感情移入をもって、このはかない役を真演した。

河野秋武

佐田啓二《さだけいじ》

一九二六年一二月九日—一九六四年八月一七日
（京都市下京区出身）

二十歳からの快進撃——佐田は早稲田の学生時代、佐野周二の家に寄宿していた。佐野が師匠と云うか、兄貴分である。よって芸名も「佐」と「二」を戴いている。高田浩吉の弟子の鶴田浩二と同じである。

二十歳で佐野の推薦で松竹に入社。すぐに、「鐘の鳴る丘」（佐々木啓祐監督、原作・菊田一夫、一九四八年）の主役となる。親を戦争で亡くした子供たちを救う、真っ直ぐの好青年を演じる。このデビュー・キャラが彼の将来の役どころを決めた。続いて「お嬢さん乾杯！」（木下恵介監督、一九四九年）、兄貴分佐野周二の弟分役。当然、兄貴を立てて脇に徹する。それでも、原節子と共演と云う栄に浴している。ストーリーは没落した名家のお嬢さんに原、自動車工場の若き経営者に佐野、この二人の恋愛劇だが、佐田は戦後のドライな若者をテンポ良く演じる。甘いマスク、甘い瞳、新しい時代の新鮮なスターの誕生だった。

「君の名は」（大庭秀雄監督、原作・菊田一夫、一九五三年）は、「すれ違い」ドラマの嚆矢である。岸恵子との共演で二枚目スターの地位を不動のものとした。同じ年の「日本の悲劇」（木下恵介監督、一九五三年）でのギターの流し役は、子に捨てられた転落の母親から見て、疑似の息子のようなもので、主演の望月優子の云う「親孝行しなさいよ」はギター流しの若者（佐田）に言いつつ、観客皆んなに言っていた。身につまされる名作だった。

佐田啓二

佐田の最高作は、「喜びも悲しみも幾年月」（同、一九五七年）であろう。高峰秀子と灯台守の夫婦を巧演する。東西南北、日本中の灯台を転勤しながら、子等を育てていく涙ぐましいお話である。長男はグレて亡くなる。長女はよく育ち、良い伴侶を得て結婚する。また夫婦二人に戻り、次の転勤地へと向かう。歳を取った老夫婦の後姿がいい。この演技で佐田は甘い二枚目を脱皮し、シリアス俳優へと幅を広げた。惜しむらくは三七歳で川を渡った。名優・中井貴一のお父上である。

下元勉《しももとつとむ》

一九一七年一〇月二日—二〇〇〇年一一月二九日

（東京都渋谷区出身）

「山宣」をやり切った男——若き日は、佐野浅夫、西村晃、下条正巳、高原駿雄、浜村純、信欣三あたりの名バイプレーヤーたちと競っていた。誰が最も早く世に出るか、高い評価を得るか、貰った役に必死で挑んでいた。

「真空地帯」（山本薩夫監督、原作・野間宏、一九五二年）で準主役を演じる。大卒の一等兵である。軍隊で大卒は嫌われるが、頭が良いだけに事務方の仕事をしている。二等兵にヤキを入れたりもせず、これまた飄々としているので上等兵たちには嫌われる。感情を表に顕さず、腹の中では何を考えているのか分からない男である。主役の木村功を支えているようで、最後まで守りきったりもしない。仮面をかぶっての真空地帯の軍隊生活を行っている。見様によっては彼の見すぎ世過ぎこそが息も絶え絶えの真空の軍隊を生き抜くコツかもしれない。視点を変えれば、この映画の片方の主役と云っていい。この會

下元勉

田一等兵役で一気に揚名した。
最高作は「武器なき斗い」（山本薩夫監督、一九六〇年）、昭和四年、右翼のテロというか、国家のテロで殺害された「山宣（やません）」こと山本宣治に扮した。同志社大学の生物学者だった山宣が、貧しき人々に貧困から脱却のための産児制限を教えているうちに、この国がいかに労働者や小作人の犠牲の上に政治が成されているかに気付き、第一回普通選挙に打って出て当選し、そして殺害されるまでを描いている。国は普通選挙を行うに当たり、国会の赤ジュウタンに多くの共産主義者、社会主義者が登壇しては困ると、普選法より先に治安維持法を制定した。その悪法により、特別高等警察の跋扈となり、国民の言論を封殺し、多くのリベラリストを逮捕し、拷問し、無理やり転向させていった。山宣ひとり、国家権力に抵抗していった。アメリカ帰りのリベラル生物学者が病身な体に鞭打って、人々の為の正義を貫いていく。下元は身に余る大役を、持ち味の飄々ぬらりくらりから、反骨の覚悟を込めた会心の演技力で、山宣に成り切っていた。

高倉健

一九三一年二月一六日―二〇一四年一一月一〇日
（福岡県中間市出身）

彼の映画を観て男を磨いた――私が小学校時代、高倉健はよくサラリーマン映画に出ていた。「天下の快男児万年太郎」（小林恒夫監督、原作・源氏鶏太、一九六〇年）では化粧品会社の社員、相手役は山東昭子である。同年、やはり源氏鶏太原作で、日活が「天下を取る」（牛原陽一監督、一九六〇年）をぶっけてきた。石原裕次郎と北原三枝主演である。裕次郎は大門大太役、高倉は万年太郎役、軍配はどっちに上がったか。裕次郎は主題歌も唄い、高倉は後塵を拝した。
「飢餓海峡」（内田吐夢監督、原作・水上勉、一九六五年）でも、三國連太郎を追い詰めていく若手刑事だが、伴淳三郎ほどの存在感は与えられず、「宮本武蔵　巌流島の決斗」（内田吐夢監督、原作・吉川英治、一九六五年）では佐々木小次郎を演じるが、全くの悪役である。この二作では、残念ながら内田監督は健さんの良いところを引き出してくれなかった。

　刮目したのは、「人生劇場　飛車角」（沢島忠監督、原作・尾崎士郎、一九六三年）からである。飛車角に鶴田浩二、その舎弟宮川役に高倉。兄貴分鶴田の思いもの（愛人）とは知らず、娼妓のおとよ（佐久間良子）に惚れて、男女の仲になる。兄貴の惚れていた女と分かってからの苦悩と葛藤。儚い悲壮感に溢れた男らしい演技だった。後に内田吐夢監督は、「人生劇場　飛車角と吉良常」で、宮川役に再び高倉健、おとよ役を藤純子で撮る。宮川の苦悩を男の美学までに昇華し、格調高く描いてくれた。

　私が高校二年の時（一九六五年）、「昭和残侠伝」シリーズが始まった。シリーズ九本、監督は佐伯清、マキノ雅弘、山下耕作らが回り持ちで演出した。ストーリーは任侠ヤクザ（善）対、新興ヤクザ（悪）の戦いである。高倉は耐えに耐えて、仇討に逸る弟分たちを抑えて、最後の最後に堪忍袋の緒を切る。大島紬の着流し姿、名曲「唐獅子牡丹」が館内に響く。スクリーンに向かって客たちが「待ってました、健さん！」の掛け声を一斉に飛ばす。

高倉健

この映画から、高倉は「健さん」となったのである。
花田秀次郎に、高倉健。殴り込みに必ず寄り添う男、風間重吉に池部良。人呼んで、「花風」コンビ。この二人から、正義とは何か、友情とは何か、義理とは、人情とは、男とは何か、男の生きる道、男の美学、男の死に場所とは何かを教わった。同時期（一九六五年に「網走番外地」（石井輝男監督）シリーズも人気を博していた。残侠伝が古い男の様式美なら、こちらはまだ現代風のヤクザで、殴り込みは一人、トレンチコートの下に長ドスを一本隠して乗りこむ。両様異なる「健さん」が日本中の男たちをトリコにしていった。

高峰秀子

一九二四年三月二七日―二〇一〇年一二月二八日
（函館市出生、東京育ち）

彼女ほどの女優は二度と出ない――筆者には日本一の名女優が二人いる。ひとりは高峰秀子、またひとりは田中絹代である。どちらも甲乙つけがたし、どちらかにしろと拷問を受けても、どちらも日本一と言い募る。

両女優の凄さは、正から邪まで、清から濁まで、百八十度変化のある役を十全にこなす。その成り切りは巧演を超えて、真演、はたまた神演の域に達する。

高峰を語るとき、すべての皆さまが「浮雲」（成瀬巳喜男監督、原作・林芙美子、一九五五年）と、「二十四の瞳」（木下恵介監督、原作・壺井栄、一九五四年）を挙げる。エポックとして、「カルメン故郷に帰る」（同、一九五一年）に言及する。当然である、異存はない。されども、もっと凄い演技をした作品がある。

一つは、「春情鳩の街より　渡り鳥いつ帰る」（久松静児監督、原作・永井荷風、一九五五年）、この映画で流れ者の娼婦を演じている。田中絹代が女将をしている女郎屋に流れ着く。お客の好き嫌いを云い、お職をせぬ上に飯だけは人一倍食らう。朋輩の娼婦が死ぬと部屋に入りこみ、貴金属を盗み出し、質屋に入れてさっさとトンズラする。「二十四の瞳」の優しい大石先生を演じた後にこのアバズレを演じ、世間のイメージの固定化を避け、彼女の中の心のバランスをとった。演じるプロとしての女優魂を感じた。

また一つは「女が階段を上がる時」（成瀬巳喜男監督、原作・菊島隆三、一九六〇年）、銀座のＢＡＲの雇われママ。身持ち堅く生きているが、真面目そうな結婚詐欺師（加東大介）にコロッと騙されるところは、夜の蝶の脆さとはかなさを見事に真演した。

もう一つ「稲妻」（同、原作・林芙美子、一九五二年）、父親違いの四人兄妹。金のことで罵り合い、姉二人はパン屋の綱吉（小沢栄太郎）に籠絡され、綱吉は次に三女の清子（高峰）を狙っている。地獄のような泥沼の暮しをしている家族。清子は母親おせい（浦辺粂子）をなじる。

「産んでもらわなくたって、よかった……犬や猫みたいに……」

母は仕方がなかったと泣く。そこに稲妻が走る。清子は我に戻り、言葉が過ぎたと反省する。ここの高峰と浦辺は真剣勝負である。両者、今でも忘れられない真演だった。

子役時代からの名女優、彼女を越える女優はもう出ないだろう。

高峰秀子

田中絹代

一九〇九年一一月二九日—一九七七年三月二一日
（山口県下関市出身）

巧演、真演、神演の人——下関の裕福な呉服商の家に生まれたが、三歳で父を亡くし、番頭から多くを持ち逃げされ、一家困窮の暮らしとなる。兄が兵役を忌避したことから、下関に居ずらくなり、追われるように八歳で大阪は天王寺に引っ越す。田中が通った下関高台の小学校へ行ってみた。当時のままの階段の手すりが残っている。下を見ると、山陽本線が行く。幼い田中はどんな思いでこの街を去っていったのだろうか。

家計を助けるために、すぐに関西少女琵琶団に入り、一四歳で松竹下加茂撮影所に入る。

ここから、田中の大進撃が始まったのである。とにかくあまりにも代表作が多すぎて、何から紹介してよいか迷う。

まず、「伊豆の踊子」（五所平之助監督、一九三三年）、リメイクが五～六本あるが、田中版が一等賞である。二三歳の時の演技であるが、いやオボこい、まるで一四〜五歳にしか見えない。太鼓を重そうに背負った姿は本当に大島から来た世間知らずの田舎娘である。まだトーキーではないが、好演を超えて「巧演」である。

「西鶴一代女」（溝口健二監督、一九五二年）の凄みは唸る。大女優がここまでの汚れ役をやるものか。女が落ちて堕ちていく流転の映画であるが、「老残夜鷹」の成りきりは空前にして絶後の気魄だった。

「楢山節考」（木下恵介監督、一九五八年）での、息子（高橋貞二）を雪に埋まりながら追い返すシーンは、母の愛情が無言の中に充満し、まさに神がかっており、思わずこちらが手を合わせてしまう。リメイクの今村昌平版よりも、私はこちらを買う。

意外と鋭く深いのが「風の中の牝鶏」（小津安二郎監督、一九四八年）。夫（佐野周二）がまだ復員してこず、子供が大病になる。治療費がなく、万やむを得ず一夜体をひさぐ。復員後、その事を知った夫の苦悩と、妻の後ろめたさ。夫は理性で感情を抑え、妻を許し、乗り越えていく。田中の哀れさが痛々しい。

最高作は、「流れる」（成瀬巳喜男監督、原作・幸田文、一九五六年）、山田五十鈴との一騎打ちである。山田が動で迫れば、田中は静で受け流す。山田の貫録を悠揚迫らざる柔軟さで包み込んでいる。傾きかけた芸者置屋の女将（山田）と住み込み女中（田中）のお話し。難しい役を見事に巧演した。

最晩年の「サンダカン八番娼館　望郷」（熊井啓監督、原作・山崎朋子、一九七四年）では、昔カラユキだった因果をガツガツと飯を食う姿で的確に表現した。大にして名女優、六七歳で逝く。今、鎌倉円覚寺の「松嶺院」にひっそりと眠っている。

田中絹代

田中裕子

一九五五年四月二九日生
（大阪府池田市出身）

「をんな」を「母」を演じはじめた――最初はテレビで彼女と遭遇した。

ＮＨＫの朝ドラ「マー姉ちゃん」（一九七九年）、サザエさんを描いた長谷川町子の役である。当時、福岡の人間ならば皆見ていたと思う。お雛様のように目元の涼しい和風の美しいお顔をしていた。あとはご存知「おしん」（一九八三年）、これは日本中が見た。視聴率は五〇％以上いっていたのではないか。

映画で初めて田中を観たのは、「男はつらいよ　花も嵐も寅次郎」（山田洋次監督、一九八二年）である。私は大分県人であり、この映画は大分の温泉や別府や杵築をふんだんにロケしており、故郷びいきの自分としては非常な興味を持って観た。旅の途中で、三郎役の沢田研二と出会い、恋に落ちる。寅さんがジュリーに恋の手ほどきをするのだが、裏目裏目に出るところが笑いのみそである。この映画がきっかけで、二人は本当の恋に落ちた。

「天城越え」（三村晴彦監督、一九八三年）は興味津々で観た。ＮＨＫの同名作（和田勉・演出）が先にあり、大谷直子と田中、心の中で比較しながら見続けた。

田中に刮目したのは、「いつか読書する日」（緒方明監督、二〇〇五年）。若き日に惚れあった二人大場美奈子（田中裕子）と高梨槐多（岸部一徳）、今は牛乳瓶二本で繋がっている。恋人高梨の妻が死に、二人は想いを遂げるが、高梨も溺れる少年を助けようとして溺死する。大場はまた牛乳配達をしながら、本を読む日々に戻る。「火火」（高橋伴明監督、二〇〇五年）、母として白血病の息子を必死で守りながら、窯ぐれ女として、一途に自分の作品を作り続ける女を巧演した。

田中は美しく品の良い役に別れを告げ、真の女優に成ろうとしていた。常に演技を重く抑え込む様になった。「ホタル」（降旗康男監督、二〇〇一年）でもそうだった。心の中にはずっとまだ朝鮮人特攻兵の金山文隆（小澤征悦）が生きている。されども、今の夫山岡秀治（高倉健）に微塵もそれを感じさせないよう明るくふるまっている。山岡もそのことは分かっている。この両者の夫婦の、夫婦たらんとする互いの遠慮の演技が佳いのである。

「共喰い」（青山真治監督、二〇一三年）で、田中はもっと大化けをした。女優としての二枚目を棄てた。すさまじい母を巧演、いつか、もっと老婆になって、どんな役をこなしていくのか、名女優から大女優への脱皮が楽しみでならない。

田中裕子

田中好子

一九五六年四月八日—二〇一一年四月二一日（東京都足立区出身）

「黒い雨」で女優開眼——キャンディーズの「スーちゃん」である。

もうお亡くなりになって、丸六年が過ぎた。早いものだ。人気アイドルから女優に転向したが、天分に恵まれていた。

「夢千代日記」（浦山桐郎監督、一九八五年）では、NHKテレビの深町幸男演出とは違い、浦山監督らしい社会性を加味した作品になっており、田中は秋吉久美子の役どころを好演した。

「ひめゆりの塔」（今井正監督、一九八二年）、この作品は今井監督自身二度目、自らのリメイクである。前作（一九五三年）の主演は津島恵子で、この作品は栗原小巻、田中は沖縄県立第一高女の生徒を力演している。

徐々に女優業にも慣れ、大化けしたのが、「黒い雨」（今村昌平監督、原作・井伏鱒二、一九八九年）である。井伏生涯の渾身作であり、井伏の人間への情愛が満ち満ちている。原爆症の表現においては映画よりすさまじい表現があるが、今村はそこまでは描いていない。今村にしても、「女の性」を中心とした重喜劇監督であったが、この作品は今村の中にある「にあんちゃん」以来の人間への優しいまなざしがある。田中は主役である。原爆の二次被害の犠牲になって行く娘を巧演している。市原悦子が叔母役で競演している。市原の身も世もない成りきりに女優の何たるかを会得したように思える。ピカをあびた娘と云うことで、どのお見合いも最後に崩れていく。原爆症の兆候は吐き気から始まり、髪の毛が抜け始め、体に紫色の斑点が出る。頭の中がかすむ、朦朧とし妄想が出る。高丸矢須子（田中）にもお尻にできものが出る。一人でこっそりお尻に膏薬を貼るシーン、原爆症に良いからと夜中にこっそりアロエに喰いつくシーンは今村らしい動物的演出である。田中は人には見せたくない、生への執着と、生への諦め、両面の拮抗を穏やかにしっかりと演じてくれた。男優陣も北村和夫、三木のり平、小沢昭一、と名うての芸達者ばかり。彼らを相手に、女優開眼の演技だった。

田中好子、五五歳の若い死だった。もしまだ長き命を貰い得ていたら、きっと大女優になっていただろう。

田中好子

丹波哲郎

一九二二年七月一七日—二〇〇六年九月二四日
（現・東京都新宿区出身）

どこか人を喰った演技をする——演技を観ていると、映画を娯楽と割り切っている節がうかがえる。そこが痛快で爽やかで、人を喰った演技が嬉しい。少しオーバーアクトなのだが、許せる味わいがある。天性の人徳と云ってよい。

彼の出演記録の中に書かれていないのだが、名作「下郎の首」（伊藤大輔監督、一九五五年）にまだちょい役だが、確かに出ている。道中、浪人者でヤクザの用心棒に成り下がった侍（丹波）、結城新太郎（片山明彦）、下郎訥平（田崎潤）の主従二人に親の仇ではないかと間違えられ、深編笠の内の顔を見せてくれと頼まれる。「面体を見せろとは無礼な」と、主従に逆に因縁をつけるが、浪人（丹波）、最後は笠の中の顔を見せて明るく去っていく。ほんのワンシーンだったが、この磊落なキャラこそが、「丹波らしさ」の始まりだった。

「豚と軍艦」（今村昌平監督、一九六一年）でいい味を出す。米軍基地の街、横須賀のヤクザの兄貴分、貫録は見せているのだが、どこか人間味があり、ビビりやである。胃潰瘍を胃癌と思い込み、すっかり貫録も失せ、意気消沈している。今村「重喜劇」（小沢昭一の命名）の「喜」の部分を軽く好演した。

「切腹」（小林正樹監督、原作・滝口康彦、一九六二年）では、千々岩求女（石浜朗）を弄り殺した張本人を憎々しく演じる。最後、復讐の津雲半四郎（仲代達矢）に髷を斬られ自決するのだが、同輩役の中谷一郎、青木義郎より数段上の憎々しい存在感を示した。

「ジャコ万と鉄」（深作欣二監督、一九六四年）では、準主役として鉄（高倉健）と渡り合う。もちろん、片目の無法者ジャコ万の役である。前作（谷口千吉監督）の同役月形龍之介よりガタイも荒くれさもよく、豪放感を現す堂々たる巧演だった。「軍旗はためく下に」（深作欣二監督、原作・結城富治、一九七二年）では、赤紙で引っ張られた地獄の底の日本兵・冨樫勝男に扮する。冨樫のどの姿が真実かは知れないが、見事に演じ分けてくれた。

「砂の器」（野村芳太郎監督、原作・松本清張、一九七四年）での、犯人の生い立ちに思いを馳せつつ、和賀英良（加藤剛）を追いつめていく人情派の今西刑事を巧演した。

最高作は、「暗殺」（篠田正浩監督、原作・司馬遼太郎、一九六四年）の清河八郎役であろう。丹波の生来の持ち味が十二分に活かされた演出である。奇妙な威張りたがり屋の清河を演じるに、丹波の地で行けていたと思う。オーバーアクトも逆に真実の清河を髣髴させ、彼の自然な滑稽さがいっそう清河という男の実像に近づけてくれた。

どこか憎めない名役者だった。

丹波哲郎

月丘夢路

一九二二年一〇月一四日生―二〇一七年五月三日（広島市出身）

「ヒロシマ」「ナガサキ」両方に出演――広島市大手町の出身である。

「狸御殿」ものなどでは、軽妙コミックな演技をし、美人コメディエンヌにも思える。しかし、「長崎の鐘」（大庭秀雄監督、原作永井隆）では、永井博士（若原雅夫）の奥様・緑さんを演じる。永井さんの下宿のお嬢さんで、永井さんをクリスチャンに導いた人でもある。一九四五年八月九日一一時二分、長崎上空に悪魔は降臨した。一瞬にして約七万四千の方々が無残な死を遂げた。そのうちの一人が、月丘演じる緑さん、黒焦げとなり天に召された。遺体の傍らに彼女愛用のロザリオがあった。夫をたて、尊敬し、二人の子をなし、いつも神に祈り続ける敬虔な美しい妻を静謐に巧演した。

月丘の最高作は「ひろしま」（関川秀雄監督）である。松竹のトップスターでありながら、独立プロの映画に多くの反対を押し切って出ている。それは彼女が広島出身だからである。広島の地獄、阿鼻叫喚、無念、無残、「これは私が出るんだ」という強い使命感を感じる。記録映画出身の関川監督だけに、まるで映像はドキュメンタリーである。広島市民の方もエキストラとして、のべ八万八五〇〇人があの惨劇の再現のために出演している。アメリカはこの新型爆弾を使用するために、八月五日夜からＢ29の徹夜空襲を行う。明け方空襲警報は解除され、みな防空壕からやれやれと憔悴して出てくる。朝食の用意にとりかかる。そこに、テニアンを飛び立っていた第二波エノラ・ゲイが隠密裏に上空に至る。空襲警報は出ていない。「Ｂよ、Ｂよ、またＢの音よ」と怯えた八時一五分、地獄の使者はものすごい閃光とともに炸裂した。アメリカが人類の頭上に初めて落とした原子爆弾であった。あとの映像は正視できない。悲鳴、悲鳴、悲鳴、悲鳴、あまりの悲惨さに筆者も正座し、なお涙がこぼれるのを禁じ得ない。月丘は女学校の先生役である。自らもボロボロとなりながら、生徒たちを守る。「ヒロシマ」と「ナガサキ」両方に出た女優である。この「ひろしま」の真演は神演の域に入っていた。

月丘夢路

鶴田浩二

一九二四年一二月六日―一九八七年六月一六日
（静岡県浜松市出身）

あの静かな口調が魅力――鶴田にあまり激高する場面は無い。あっても、鶴田は激高しない。いつも囁くような台詞回し、静かな口調に変化はない。

鶴田は唄うスターである。ヒット曲に「街のサンドイッチマン」他があるが、軍歌ではないが大陸歌の「蒙古放浪歌」などは、抒情溢れる唄い方で、胸に染みいる。

初めて記憶に残ったのは「ハワイの夜」（マキノ雅弘監督、松林宗恵監督、一九五三年）、とはいえ筆者自身がまだ幼すぎて朧げだが、ハワイロケがふんだんに織り込まれていた。加納明（鶴田）とジーン河合（岸恵子）との悲恋二人がハワイの浜辺で熱唱する主題歌を覚えている。

「宮本武蔵・決闘巌流島」（稲垣浩監督、原作・吉川英治、一九五六年）では吉川英治が作った翳りと美しさのある佐々木小次郎を哀しく好演した。後に作られた内田吐夢監督版の高倉健演じる佐々木より儚さがあった。

鶴田浩二

最高作は、「雲ながるる果てに」（家城巳代治監督、一九五三年）である。この時期の鶴田の発声は東映に移ってからの静かさではなく、強くはっきりと台詞を回す。軍人商売の海軍兵学校組よりも愛国精神を発揮し、予備士官兵と侮られないように奮闘するが、特攻前夜、ひとり林の中で、「父母に会いたい、妹に会いたい」と苦悶する。内面に優しい人間性を持った学徒中尉大瀧を全身全霊で真演した。

もちろん、「明治侠客伝　三代目襲名」（加藤泰監督、一九六五年）は任侠映画の最高峰の出来栄えであり、見ごたえはあるが、鶴田の本質は違うように思う。ＮＨＫ「男たちの旅路」（脚本・山田太一、一九七二～一九八二年）と、この学徒特攻兵こそが鶴田の本質と生きざまを投影していたと思う。

永島敏行

一九五六年一〇月二二日生
（千葉市出身）

「サード」で一気に揚名——二十歳で世に出る。

「サード」（東陽一監督、一九七八年）が大出世作である。もともと野球少年であり、うってつけの役だった。新鮮で潑剌として、純朴で素朴で、鍛えた肉体を持ち、強い意志を内包し、一気に青春の暗鬱を切り裂くように駆け抜けていった。それは銀幕の中をであり、同時に映画界をもであった。

永島敏行

続けざまに、「事件」（野村芳太郎監督、一九七八年）、まるで駆け抜けた先に、坂井ハツ子（松坂慶子）と坂井ヨシ子（大竹しのぶ）姉妹が待ち受けていたような錯覚に捉われた。「帰らざる日々」（藤田敏八監督、一九七八年）でも、また走る。青春時代の失恋と、親子関係と、将来への挫折、万人が通過する儀礼を走り抜けた。「英霊たちの応援歌　最後の早慶戦」（岡本喜八監督、一九七九年）で、早大の捕手秋山を颯爽とりりしく好演した。永島のためにあったような役だった。

この味わいは「動乱」（森谷司郎監督、一九八〇年）にも引き継がれる。映画の前半部だけだが、高倉健、吉永小百合と絡める位置にまで役者の格が上がっていた。

最高作は、「遠雷」（根岸吉太郎監督、一九八一年）とみる。サードの朴訥な少年は、少し世慣れた青年に成長していた。石田エリとのラブホテルのシーンも、永島にはこれまで見られなかった軽薄さとC調さがあり、当時の農村青年を巧みに演じた。多くの人間たちの行状と愚かさを学習し、頑なではなく、生きていく術の強さを逞しく演じきった。

仲代達矢

一九三二年一二月一三日生

（東京都出身）

善と悪にもやをかけた演技力——家が貧しかったので、幼い頃からいろいろな仕事をし、俳優座時代はBARで働いている。多分、人間の裏表や本性をたくさん見てきたことだろう。

ふっと、この世や、人間というものに期待していない瞳をする。時に、冷酷で、怜悧で、ニヒルである。苦労が役者としての肥やしになっている、名優中の名優である。

映画「人間の條件」の梶の役が、彼の大出世作であり、日本中が「仲代」という俳優を認識するようになった。実は、この作品の前に作られた「炎上」（市川崑監督、原作・三島由紀夫、一九五八年）での、現実主義者の学生・戸刈の役が上手かった。例えればアベルが主役の市川雷蔵で、カインが仲代である。仲代はこの世の人間の醜悪さを雷蔵に教え込む。足の不自由なことを逆に武器として、女たちの優しさにつけこみ、関係を結び邪険に棄てていく。美しい女への敵意と見下しが見事だった。

すぐに「鍵」（市川崑監督、原作・谷崎潤一郎、一九五九年）で、不実なインターン役を演じる。イントロの仲代の独白がアイロニカルで、人間を小馬鹿にしており、偽善と悪が瞳の中に同居していた。

「用心棒」（黒澤明監督、一九六一年）では、名優加東大介が演じる亥之吉の弟役で、頭の切れるやくざを演じる。どこか狂犬のような目付きをしており、首にネッカチーフを巻き、拳銃を駆使して桑畑三十郎役・三船敏郎と対峙する。当時、三船との格の違いは雲泥なれど一歩も引かず、三船を喰うほどの存在感を示した。

意外と面白いのが、「他人の顔」（勅使河原宏監督、原作・安部公房、一九六〇年）。事故による顔を整形して、女房（京マチ子）を他人の振りしてナンパし、女房を試す。ライバル平幹二郎と手に汗握るストレンジな演技合戦を繰り広げた。

最高作品は、「女が階段を上る時」（成瀬巳喜男監督、一

仲代達矢

九六〇年）。相手は天下の名女優・高峰秀子である。彼女を向こうに回し、銀座のクラブマネージャーを巧演した。雇われママ役の高峰やホステスたちを見張り、叱咤し、売り上げをシビアーに上げさせていく。お為ごかしでどこか薄情で、低温爬虫類のごとき演技は、仲代の綽名のごとく善と悪に「靄（もや）」がかかっていた。

三代目中村翫右衛門《かんえもん》

一九〇一年二月二日―一九八二年九月二一日
（東京都出身）

長十郎と名コンビの名優――悠揚せまらざる落ち着いた貫録のある演技をする。声質が少しハスキーでくぐもった佳い声をしている。歌舞伎界を出て、昭和六年に四代目河原崎長十郎、五代目河原崎國太郎と前進座を吉祥寺南町に造る。

天才監督山中貞雄に認められ、長十郎と共に彼の映画に出演する。

先ずは「河内山宗俊」（山中貞雄監督、原作河竹默阿弥、一九三六年）は天保六花撰物で、江戸のアウトロー達の騙り強請（ゆす）り屋の話である。主役は長十郎に任せ、剣客金子市之丞を怠惰にニヒルに、はたまたどこか大らかに人柄良く演じている。山中は弟分熊谷久虎監督の義理の妹・原節子を往来の甘酒売りの娘として起用する。この映画をご覧になれば、「永遠の処女」と云われた一六歳の原節子に会える。

「人情紙風船」（山中貞雄監督、一九三七年）では、長十郎と翫右衛門はW主役である。仕官を求めて土下座するように頭を下げまくる浪人役の長十郎と、根っからのチンピラ「髪結新三」を翫右衛門が演じている。性根は曲がっており、一見人助けをするかに見せかけて、その実、非人情二枚舌で裏切る。髪結道具箱を片手にいろいろな家に出入りしては金になる話を探している。地回りの顔役に隠れて、勝手に賭場まで開き寺銭を物にしている。最後は橋の上でヤクザたちに囲まれ刺されるのだが、刺され方が男らしい。こんな世の中に生きていたくはない、殺してくれてありがとうよ、といった顔をする。実に巧い役者である。

「どっこい生きてる」（今井正監督、一九五一年）では、気弱で生活力のない男に長十郎、どんな所にまで堕ちても生き抜いてやるぜといったちょい悪に翫右衛門。長十郎はまだ人を信じているだけに弱くて脆い。翫右衛門は人なんか信じてはいない、少々、法に触れようが何しようが生き抜いてやるという根性に溢れている。

晩年、「軍旗はためく下に」（深作欣二監督、原作・結城昌治、一九七二年）に卑怯な陸軍参謀役で客演している。戦後を何食わぬ顔で要領よく生きている狡猾な男だ。翫右衛門は戦争を糾すために、敢えてこの役を引き受けたのだろう。

三代目中村翫右衛門

原節子

一九二〇年六月一七日―二〇一五年九月五日
（現・横浜市保土ヶ谷出身）

無間の微笑み、心の花――原の瞳は満々と水を湛える山間の美しい湖を思わせ、その微笑みはまさに慈母観音である。日本一の美人女優と云って、どなた様からもご異存はないことかと思う。

演技力でいえば、高峰秀子、山田五十鈴、田中絹代、杉村春子、淡島千景、乙羽信子と名女優は数々いらっしゃるが、原はそこでは比べられない違う次元にいる。外向的演技をせず、すべて深く呑み込んだ内向的演技である。あとはあの深遠なる微笑が霧のごとく、人間の喜怒哀楽を覆い隠してしまうのである。

大監督にばかり出演を乞われている。

勝手な選択で五本挙げさせて頂くなら、まず「わが青春に悔なし」（黒澤明監督、一九四六年）、娘時代の演技、夫役藤田進と一緒になってからの地下潜行時代、寡婦になってからの頑張り、田んぼの泥に汚れた姿は神聖で美しかった。

打って変わって、「お嬢さん乾杯！」（木下恵介監督、一九四九年）では、軽く明るいコメディタッチの演技だが、原自身が積極的に楽しんでいることがよく伝わる。彼女のズッコケ・シーンはこの映画でしか観ることはできない。

小津安二郎監督では、「晩春」（一九四九年）「麦秋」（一九五一年）「東京物語」（一九五三年）が良いことは分かるがそれは映画作品的にである。原の演技でいえば、「東京暮色」（一九五七年）を買う。亭主（信欣三）と上手くいかず、父（笠智衆）と妹（有馬稲子）の間、はたまた、昔、男と逐電した母・山田五十鈴との間で、生きることに草臥れた内向的演技は素晴らしかった。

成瀬巳喜男監督では、やはり「めし」（一九五一年）に極まるか。なんやかや云っても妻の座は安寧なのですよ。そこの醸し方が見事だった。

五本目は、義兄・熊谷久虎監督の「智恵子抄」（一九五七年）。憧れの高村光太郎（山村聡）と一緒になり、絵を描き続けるが、夫・光太郎は褒めてくれない。自分に絵の才はないと悟り、良き妻であろうと努力するが徐々に呆けていく。お嬢さん時代から、新妻となり、精神を痛めていく姿に凄みがあった。義兄の演出に心から応えていた。

原節子は大根ではない。四二歳で自らを埋れ木（引退）とし、我々は彼女の面影だけを心の花とした。

原節子

左幸子

一九三〇年六月二九日―二〇〇一年一一月七日
（富山県朝日町出身）

底辺の女を体当たりで演じた――肉体を駆使して、底辺の女たちを体当たり演技で真演した。

哀しい定めの女を演じさせたら天下一品である。筆者が幼い頃、田舎の飲み屋街で彼女が演じるようなお姐さん方を多く見てきた。生まれついた家が悪いのか、宿命を背負った女はどう足掻いても泥沼の暮らしから抜けれない。泣いて諦めて開き直って、男に騙されて止めどもなく堕ちていく。今でもそんな女はたくさんいる。

筆者が七歳のころ、「女中ッ子」（田坂具隆監督、一九五五年）を観た。悲しい映画ではないが、なぜか哀しかった。「女中」、今では使いづらい言葉だが、北側のジメジメとした三畳間に住み込み、意気地のない次男坊のお坊ちゃまを励ましながら、実のお姉さんのように懸命に生きている。濡れ衣を着せられて田舎に帰っていくのだが、今後の左の役柄を暗示させる役だった。

「幕末太陽伝」（川島雄三監督、一九五七年）での、品川の遊郭の女郎役、やはり女郎のこはる（南田洋子）とタイマンを張っている。両者の取っ組み合いのケンカは、「居酒屋」（レネ・クレマン監督、一九五六年）でのマリア・シェルの洗濯場のケンカに負けていない。

「飢餓海峡」（内田吐夢監督、一九六五年）での、人の好い愚かな安女郎・杉戸八重役、大恩ある犬飼太吉（三國連太郎）を訪ね尋ねて、行き着き、最後犬飼（三國）に首を絞められて殺される。殺される時の、あんたにならいいわといった、万感を込めた諦めが愛おしく哀しい。

「五辯の椿」（野村芳太郎監督、一九六四年）での、淫乱で淫蕩な母親役なんぞはお茶の子さいさいでこなす。

「喜劇　女生きてます」（森崎東監督、一九七一年）では、ご存知新宿芸能社お座敷ストリップ斡旋所のお母さん役である。亭主が森繁久彌、男に騙されてばっかりのストリッパー嬢たちを守り励ましていく。お母さん役は次に中村メイ子、後に市原悦子とキャストは変わったが、私は左が一等賞だと思っている。

「軍旗はためく下に」（深作欣二監督、一九七二年）では、夫の戦地での死を確かめていく日本の庶民を代表する女房役。オロオロとしながらも、なぜ自分の夫には恩給が下りないのか、同じ天皇の赤子として戦死したのに、その必死さが胸を打った。

最高作は、「にっぽん昆虫記」（今村昌平監督、一九六三年）である。多くの男たちに手籠めにされながらも、逆に性を武器に生きていく女・松木とめ。いかな谷みどり役の春川ますみが女のはらわたまで見せる演技をしても、左はもう一つ上を行っている。真演の淫蕩さと女の落日を見せつけてくれた。

堕ちていく女を演じさせれば、にっぽん最高峰の女優である。

左幸子

船越英二

一九二三年三月一七日—二〇〇七年三月一七日
（東京都新宿区出身）

ひょうひょうと風になびく演技の人——初期の船越の

役どころは、「あにいもうと」（成瀬巳喜男監督、原作・室生犀星、一九五三年）の心もとない学生役といったところが代表例である。いいとこの坊ちゃんで、うらなりで、無責任な青ひょうたんみたいな役が自然であり、似合っていた。

変化したのは、「夜の蝶」（吉村公三郎監督、一九五七年）の銀座のホステス・スカウトマンの役からである。銀座の二大クラブのママ、京マチ子と山本富士子の間を虚無的に行き来する、クールでニヒルな女給周旋屋、この演技と役どころは彼を大きく飛躍させた。この作品は当時実在の銀座のクラブ「エスポワール」と「おそめ」の闘いをモデルとしており、非常に話題を呼んだ。

彼に日本中が刮目したのが、「野火」（市川崑監督、原作・大岡昇平、一九五九年）である。比島レイテ島での日本敗残兵を襤褸雑巾のように真演した。飢餓の極限状況、滝沢修やミッキー・カーチスは人肉を「猿の肉」と称して物々交換している。船越は痩せるだけ痩せて、実際、食事をとらず、水だけで撮影をこなしていったと聞く。地獄の敗走、骨皮の体に眼だけが光っている。鬼気迫る、かつ幽鬼巣食う演技をした。最後、瞳は半眼、生きているのか死んでいるのか、ただ餓鬼と化した兵を、鬼を越え神がかる「神演」だった。この演技で数々の賞を授かり、映画界に盤石の地位を築いた。

翌年、「痴人の愛」（木村恵吾監督、原作・谷崎潤一郎）の河合譲治役を演じる。木村監督自身、二度目のリメイクである。一度目は宇野重吉が演じた。ナオミは肉感的な京マチ子である。リメイク版のナオミは叶順子である。ナオミ役はその白痴性において京に軍配は上がるが、譲治役は宇野では知的に過ぎて、ナオミの肉体への思慕と崩れ具合が足りない。その辺りの未練の持ち方、淫蕩さへの敗北感は船越が見事だった。この役でまたいっそう芸と役の幅を広げた。

極め付けは、「黒い十人の女」（市川崑監督、一九六一年）、十人の女たちと関係しているテレビ局のプロデューサー役。女房、愛人を演じる女優陣も錚々たるメンバー、山本富士子、岸恵子、中村玉緒、岸田今日子、宮城まり子他である。本妻の双葉（山本）のアイデアで彼を殺したことにし、これまでの女関係を清算しようとするが、結局双葉も夫（船越）に愛想が尽きて、愛人の石ノ下市子（岸）へ譲り渡す。これまで遊ぶだけ遊んだ男だが、ついに市子に幽閉され、市子の「虜」となるまでの女の復讐の話であるが、その優柔不断さ、無責任さを実に飄々と演じた。間違いなく大映を代表する日本の名優となった。

船越英二

フランキー堺

一九二九年二月一三日―一九九六年六月一〇日
（鹿児島市出身）

硬軟なんでもござれの名優――浅丘ルリ子のデビュー作品「緑はるかに」（井上梅次監督、一九五五年）に、ほんのチョイ役で出ている。サーカスの呼び込みピエロである。

すぐに「牛乳屋フランキー」（中平康監督、一九五六年）で主演を張る。中平監督は「狂った果実」でその独創性を天下に示したが、この作品では松竹修行時代の味わいを残している。フランキーの軽妙な演技にも助けられて、ヒューマンな上出来のコメディとなっている。

「嵐を呼ぶ男」（井上梅次監督、一九五七年）では、キャストに名を載せていないが、留置場のシーンに出演している。ドラマー合戦の映画だけに、プロのドラマーであるフランキーが、共に慶応大同士でもあり、ちょいと石原裕次郎に花を添えた感があった。

フランキーここにありを見せつけるのが、「幕末太陽伝」（川島雄三監督、一九五七年）での「居残り佐平次」役である。金もないのに品川の妓楼で仲間と芸者を上げて飲み食い大散財。結局は借金のカタに、この女郎屋の布団部屋に居残りさせられる。持ち前の度胸と知恵とご愛嬌で、女郎とお客の間の諸々の問題を痛快に解決し、お駄賃をいただく。

「てまえ一人の才覚で世渡りするからにゃ、首が飛んでも動いてみせまさぁ」なんて云う啖呵の切れも良く、映画を観ている客を元気にしてくれた。気がめいっている時なんぞに、ぜひ観てほしい作品である。

「駅前」シリーズにもよく出演している。第一作の「駅前旅館」（豊田四郎監督、原作・井伏鱒二、一九五八年）では、森繁久彌、伴淳三郎という芸達者を相手に少し遠慮しているのか、まだ初々しい演技をしている。「社長」シリーズ（主に松林宗恵監督、一九六二年）では、広島出身の日系二世の役どころで、嫌味だが憎めないキャラを巧みに演じている。

最高作は、「私は貝になりたい」（橋本忍監督、一九五九年）。罪のないB、C級戦犯の辛さ哀しみを全身全霊で真演した。助かることを念じて巣鴨プリズンで過ごしてきたが、ついに死刑の断が下る。処刑の日、もう人間なんかに生れ変りたくない、どうしてもと云うのなら、私は海の底の貝になりたいと云う心のメッセージを残す。筆者が小四の時の映画で、当時、子供心に卑怯な上官やBC級戦犯裁判の理不尽さに怒りを覚えた。

フランキー、硬軟何でもござれの名優だった。

フランキー堺

三國連太郎

一九二三年一月二〇日―二〇一三年四月一四日（群馬県太田市出身）

人間の懊悩を神演した――役者としての幅が広く、人間の原罪や懊悩を神の領域の演技にまで仕上げきった。この域に日本で達したのは緒形拳と、市川雷蔵と、三國の三人であろう。彼が目指す俳優はマーロン・ブランドただ一人、三國の演技を観ているとそれがよく分かる。

初めて彼を記憶したのは私が小一（一九五五年）の時の、「警察日記」（久松静児監督）、会津磐梯山の麓の警察署の純朴なお巡りさん役、小娘（岩崎加根子）に軽く手玉に取られる。小三（一九五七年）の時、「異母兄弟」（家城巳代治監督）を観る。病死した先妻の子ばかり可愛がり、女中上がりの手籠めにした後妻（田中絹代）に産ませた子らを苛める唾棄すべき軍人を真演した。子供心に彼に憎しみを抱くほど巧かった。

刮目したのは、「飢餓海峡」（内田吐夢監督、一九六五年）である。大湊の宿で貧しい娼妓（左幸子）に、奪った金から五万円をやるシーンの憐憫の情、訪ねてきた左を殺す時の愛憎の情、留置場で老練の元刑事（伴淳三郎）の諭しに真人間に戻っていく時の改心と自己嫌悪。極貧がいかに人間を変貌させていくかを神演した。犬飼太吉役・三國の血を吐くような号泣は映画の最後の地蔵和讃の御詠歌と重なった。

彼は以降どんどん解脱を続けていく。脱帽したのは「襤褸の旗」（吉村公三郎監督、一九七四年）、足尾鉱毒事件、国家に立ち向かう田中正造を神がかって演じた。演技の巧さにおいて、向こうところ敵なし。すでに役を遊ぶ高みにまで達していた。

最高作は緒形拳との激突、「復讐するは我にあり」（今村昌平監督、一九七九年）であろう。父（三國）の偽善性を見て育った連続殺人犯の息子（緒形拳）。家を出た息子の嫁（倍賞美津子）を迎えに行った露天風呂のシーン、一線を越えそうになる嫁と、魔がさす気持ちを抑えながらも一線を越えぬ三國の演技。義父と嫁の洗礼、精神的交尾を思わせた。小倉拘置所、死刑になる息子に榎津鎮雄（三國）は会いに行く。二人の静かな睨みあい、反省のない息子の顔に父（三國）は唾を吐きかける。名優二人の神演のイクサを見せ付けられた。

怖い様な悪役を演じてきた三國は、晩年はすっかり釣り好きのスーさんに徹し、デビュー作の如き、「善魔」（木下恵介監督）に戻っていった。

三國連太郎

三船敏郎

一九二〇年四月一日―一九九七年一二月二四日
（秋田県由利郡出身）

すべてを「眼」に宿す男――三船敏郎の初期の作品は筆者がまだ幼児にてリアルタイムには観ていない。封切で観たのは、「七人の侍」（黒澤明監督、一九五四年）からである。百姓上がりの菊千代、獣のような眼と歯と体の動きに、白塗り時代劇しか観ていなかった子供は鮮烈な衝撃を受けた。あの剝いた眼と、挑むような黒い眸は今も忘れられない。

長じて観た、「野良犬」（黒澤明、一九四九年）もまた戦後のどさくさの汗みどろの人間臭いドラマで、村上刑事（三船敏郎）は盗まれた拳銃を、野良犬のようにほっつき歩き追い求める。黒澤は途中、実際の野良犬のアップをインサートするのだが、この犬の眼はおとなしい。三船の眼こそがまさに狂犬のようだった。どこかジュールス・ダッシン監督の「裸の町」（一九四八年）を思わせた。

驚いたのが、「羅生門」（黒澤明監督、原作・芥川龍之介、一九五〇年）である。縛った金沢武弘（森雅之）と、これから凌辱しようとする妻・真砂（京マチ子）の周りを吠えながら、脅すように威嚇するようにウロウロする多《た》襄丸《じょうまる》。狂犬の野良犬を越えてまるで狼の演技だった。

もっと驚いたのが、「蜘蛛巣城」（黒澤明監督、一九五七年）である。下剋上の因果応報を描いているのだが、妻（山田五十鈴）が狂い、本人も狂いだしてからの演技は真演である。矢衾《やぶすま》の中、左右に逃げ惑う時の眼の動きは、自らの罪深さを具現。まさに「眼の男」と云っていい。

「用心棒」（同、一九六一年）になると、眼のギラギラさはおさまってくる。代わりに、あの肩のいからせと顎のしゃくりで、男くささを縦横に漂わせる。

「天国と地獄」（黒澤明監督、一九六三年）では、得意のアクションをすべて捨てて、人間心理葛藤劇に挑む。苦悩、懊悩の眸もまた素晴らしかった。打って変わって、「赤ひげ」（黒澤明監督、原作・山本周五郎、一九六五年）や、「上意討ち　拝領妻始末」（小林正樹監督、原作・滝口康彦、一九六七年）では眼の中に柔らかい光を宿してく

三船敏郎

る。

「日本のいちばん長い日」（岡本喜八監督、原作・大宅壮一、一九六七年）での阿南惟幾陸軍大臣役は、本土決戦派の青年将校を抑え、無条件降伏を呑むことで、割腹自決した。その間の不眠不休の心中を血ばしる眸、諦念の瞳でよく表現していた。

三船らしくないが高く評価したいのが、「下町ダウンタウン」（千葉泰樹監督、一九五七年）である。林芙美子の原作であるから、救いのない遣る瀬ない人情劇である。鶴石芳雄（三船）はシベリア抑留からやっと復員してきたが、女房は他の男と所帯を持っていた。逆に夫が未だシベリアから戻らない子連れの行商の女に山田五十鈴。鶴石は侘しい飯場で働いていた。身の上話で付き合いが始まり、二人で倖せになろうという矢先に鶴石は飯場の事故で死ぬ。三船の中でも上位に推したい作品である。武骨なだけではない、三船の瞳に滋味が溢れていた。

三益愛子《みますあいこ》

一九一〇年一一月二日—一九八二年一月一八日
（現・大阪市中央区出身）

「三倍泣けます」の母物女優——筆者の生まれた大分の田舎には、農閑期になると、車に映写機とフィルムと野外用スクリーンを載せて、移動映画屋さんがやってきた。町の映画館主と映写技師の二人くらいだった。夜が更ける頃に村人は集まり、お代を払い、映画を楽しむ。昭和二〇年代、最も人気を博したのが三益愛子の母物だった。当時、戦争未亡人で女手ひとつでお子さんを育てているお母さんは多かった。彼女たちは三益の母物を観て、日々の憂さを晴らし、明日の元気とガンバリをもらっていた。一九四八年から一〇年間で三三本も作られている。「三倍泣けます」のキャッチフレーズも効いてか、三三本とは、いかにお客さんの入りが良かったかが分かる。母の苦労苦労のお涙頂戴物だが、もともと三益は若い頃エノケン（榎本健一）の劇団に居たり、古川ロッパの「笑いの王国」に居たりで、コメディエンヌである。

戦後になってから、この母物でシリアスな演技に変身していった。子供役には、お目めパッチリ松島トモ子や、スワン可愛や白鳥みづえ、娘役には三條美紀や安西郷子が扮していた。

「流れる星は生きている」（小石栄一監督、原作・藤原てい、一九四九年）は、原作とはずい分異なるが、引揚の地獄の様、日本人同士の浅ましさなどが十二分に描かれている。特に内地に帰ってからの新たな地獄も如実に描かれている。生活の辛さに身を持ち崩していく引揚の女たちを、藤村けい子役の三益は「あなたの夫が大陸からシベリアから帰還復員するまでは、あなたの夫に恥ずかしいことはしないように」と、必死で支え励ましていくお姉さんでありお母さん的役を巧演した。敗戦により、他人どころではない、自分さえ良ければの日本人の劣化を描いた名作である。

最高作は、「赤線地帯」（溝口健二監督、一九五六年）、戦争で夫を亡くし、田舎の老いた父母、息子の食費教育費のために体をひさいでいる。息子にばれて、「不潔だ、汚い」と罵られ、気がふれていく安娼婦。好きで苦界をやっているわけではない。家族を食べさせるためだった。化粧の浮いた、中年の衰えた顔で、救いのない辛い役を真演した。

三益愛子

望月優子

一九一七年一月二八日―一九七七年一二月一日

（東京都出身）

庶民の母役に冴えを見せる――日本の母である。日本の母と云えば、「東京物語」（小津安二郎監督）の東山千栄子が東の横綱なら、西の横綱は母物の三益愛子、張出横綱が望月であろう。

望月を観ていると、筆者の母を思い出す。中国から引揚げてきて、田舎町の駅前に三坪のバラックを借りて、ニコヨンやヨイトマケのおじさん、おばさんたちの飯屋を始めた。お酒を出せば儲かるのだが、戦後は統制経済で、経済警察がしょっちゅう見回っており、違反すれば営業禁止、はたまた検挙である。「ケイザイが来たぞー」とマーケットの入り口から伝令が走る。皆一斉に酒を床下深くに隠した。望月にそんな貧しく哀しくどこか逞しい「戦後の母」を演じさせれば天下一品だった。幼い時に家庭の事情で養女に出され、成長するまで非常な辛酸を舐めている。エノケン（榎本健一）に拾われ、コーラスガールからのスタート、ラインダンサーもやっていた。

「カルメン故郷に帰る」（木下恵介監督、一九五一年、日本の初カラー映画）で、ストリッパー役高峰秀子の姉を演じている。小林トシ子が高峰の妹分のストリッパー役だったが、ここは望月でも十分にやれただろう。

「晩菊」（成瀬己喜男監督、原作林芙美子、一九五四年）でも、主演倉橋きん役を演じる杉村春子の助演をしている。杉村も鈴木とみ役の望月も芸者上がりの年増女、元の同僚である。杉村は身持ち固く、小金をためて今は金貸しで食べている。望月は身持ちが悪く、娘（有馬稲子）にも嫌われ、掃除婦をしながらその日暮らし。杉村に借金がある。いつもオロオロ、グダグダしているが、それでもどこか楽天的で、なるようになるさと開き直ったお道化のモンローウォークは見事だった。

最高作は、「日本の悲劇」（木下恵介監督、一九五三年）、夫を亡くし、戦後のバラック生活、二児を抱えて酌婦で命をつなぐ。子らの成長のみを一途の楽しみとして、嫌な助平な男たちに酒を注ぐ。子らは男たちの間で嬌声を上げる母を嫌悪し、成長して母の元から去っていく。育てた子らに見下され、侮蔑され、最後は汽車に飛び込む。戦後の寡婦たちの無念さを真演した。

「米」（今井正監督、一九五八年）も切なく哀しい。踏ん張って生きているのに、小作には神も仏もない。涙が出るほどの迫真の演技力。お百姓をしたことがないだろうに、相当の練習を積んだのか、田植えの手さばきも見事だった。晩年は社会党の参議院議員にまでなるも、六〇歳で早世した。

望月優子

矢口陽子

一九二一年八月二七日―一九八五年二月一日
（出生地香港、東京都出身）

後に黒澤明監督の奥様になった――筆者が黒澤監督作品の中で、最も気に入っている映画が「一番美しく」である。昭和一九年（一九四四）の製作で、同年ライバル監督の木下恵介は田中絹代主演で「陸軍」を撮影している。「陸軍」は南方の前線に出ていく上等兵の息子を博多の明治通で、こけつまろびつ拝んで送る母の情愛が強く描かれている。

片や黒澤は戦意高揚映画として、光学レンズ造りの軍需工場で働く「女子挺身隊」を描いた。この「一番美しく」の主役に抜擢したのが、後に黒澤夫人となる矢口陽子である。小柄だが、優しく丸く、目元がくっきりと美しい。矢口のデビューは「嫁ぐ日まで」（島津保次郎監督、一九四〇年）、観ようによってはちょいと小津監督物に近い。母を早くに亡くした家、父と二人の姉妹、姉に原節子と妹に矢口。父は後添えを貰うにも、姉妹の事が気にかかる。姉が嫁ぐことが決まってから、父も後添えの話を進める。姉が妹にくれぐれも次のお母さんになついて上手にやれのアドバイスをする。大好きな姉もいなくなる、新しいお母さん（沢村貞子）が来る。多感な時期の妹の心細さをよく演じていた。それにしても、のっけから原節子の妹役とは、次代の主役女優を匂わせる恵まれた登場の仕方だった。

黒澤作品で筆者が次に好きな作品は、「素晴らしき日曜日」（一九四七年）である。主役は中北千枝子で、名バイプレーヤーではあるが華が足りない。ここは矢口で製作すれば、もっと可憐な作品に仕上がっただろう。

「一番美しく」で矢口は、女子挺身隊のリーダー組長渡辺ツルを演じている。毎朝、宿舎より隊を為して、軍歌を唄いながら行進し工場へ向かう。一糸乱れぬ健気な行進である。女子たちの働きを優しく見守る工場長に志村喬、増産担当に菅井一郎、寮母先生に入江たか子、鼓笛指導の先生に河野秋武と黒澤好みの名優たちを配している。早朝から深夜までの増産体制である。達成困難な目標を掲げている。ツルは母危篤の報が来ても、お国の為と奮闘する。「元寇」を口ずさみながら徹夜の戦闘機用レンズ調整に励む。

「煉瓦女工」（千葉泰樹監督、一九四〇年）は「一番美しく」より前に出演したが、軍の命令にてお蔵入りしていた。戦後公開となっている。監督の千葉はやはり黒澤のライバルと目された男だ。野澤富美子の原作で、横浜の鶴見一帯が舞台である。昼は女工として働きながら、夜、夜学へ通う。病気がちな娘だが、自分が働かなくては家族は食べていけない。鶴見の河口そばの貧しい日本人たちと、やはりもっと貧しい在日朝鮮人たちの温かい交流を描いている。プロレタリア風であり、そこが軍のお眼鏡に叶わなかったのだろう。この映画の経験が「一番美しく」に活かされていたように思う。黒澤との結婚で引退した。

矢口陽子

安井昌二《しょうじ》

一九二八年八月一六日―二〇一四年三月三日
（東京都出身）

忘れられない「仰げば尊し」――テレビ「チャコちゃん」シリーズのお父さん役で人気を博した。

実質のデビュー作「月は上がりぬ」（田中絹代監督、一九五五年）での役名を芸名とした。三國連太郎も「善魔」（木下恵介監督、一九五一年）での役名をそのまま芸名としたが、両者とも性善説のあらまほしき好青年を演じている。安井は彼の細君となった小田切みきとこの映画で共演しており、この折に恋仲になったのではないかと想像する。そして、チャコちゃんが生まれて来るのである。

日本一の小説「こころ」（原作・夏目漱石）に市川崑監督が一九五五年に挑戦した。先生に森雅之、友人「K」に三橋達也、二人が取り合った下宿の娘に新珠三千代、主役の学生「私」に安井という、大抜擢である。鎌倉の浜で知り合った「先生と私」、先生は深い教養と凄い知識の持ち主なのに、親が遺してくれた財産で「世捨て人」のように暮している。その先生の内面を知りたい「私」、先生の暗い心の闇に迫っていく役柄だった。演技力はデビュー作より随分とこなれているように見受けた。

安井が日本全国津々浦々に揚名したのは、やはり「ビルマの竪琴」（市川崑監督、一九五六年）からである。筆者が小学校二年、たしか学校から先生引率で町の映画館に観に行ったように記憶する。竹山道雄が学徒出陣でビルマやガダルカナル、硫黄島で死んだ、亡骸（なきがら）もない教え子や友の鎮魂の為に少年少女用に書いた小説である。もちろん、安井の役名は竪琴の名手「水島上等兵」である。

水島が三角山に居座る守備隊隊長（三橋達也）の降伏説得に失敗し、ムドンに向かう途中、日本兵の死屍累々を見る。中には可愛い妻子の写真の前で息絶えている兵もいる。ここから水島は変わるのである。この人たちを弔わなくては日本には帰れないと。ビルマの僧と成り、日本兵の菩提を弔う。

別れの朝、皆は「水島、一緒に、帰ろう」と叫ぶが、水島はビルマの竪琴で「仰げば尊し」を弾く。♪今こそわかれめ　いざさらば♪　深く一礼して、朝霧の中に消えていく。抒情的な素晴らしい演技だった。

安井昌二

山田五十鈴

一九一七年二月五日―二〇一二年七月九日
（大阪市中央区出身）

神演の大にして名女優――筆者が生まれた町、大分県中津出身の男に池永浩久という大プロデューサーがいた。

彼が日活大将軍（京都）撮影所長をしている時に、まだ一二歳の山田を見つけ女優にしたのである。山田は大部屋に入れられず、のっけから個室を与えられた。朋輩たちのやっかみ、怨嗟は凄かったようだが、池永はその才能を見抜いていた。

名作「浪華悲歌（エレジー）」（溝口健二監督、一九三六年）が一九歳の時であるから凄いの一言に尽きる。筋は、父の横領した五〇〇円を返すために、勤めている薬問屋の社長の妾になる。兄が大学へ行くための費用二〇〇円のために株屋（進藤英太郎）を相手に美人局の騙《かた》りを行う。露見し、恋人も失い、家族の為に体を張ったのに、その家族も汚い物でも見るように彼女を家から追い出す。途方に暮れて、夜の川面を見つめている。自殺するのかと思いきや、顔をグイッと上げて、「ワイは不良や」とばかりに、橋をぐんぐん渡り、盛り場の方へ去っていく。その腹を決めたアップの顔が素晴らしい。そやそや、何をやってでも生きていくんや、と拍手を送った。

「鶴八鶴次郎」（成瀬巳喜男監督、一九三八年）での長谷川一夫との真剣勝負、リメークで他の女優も演じたが、勝負にならない。山田は実際に幼い頃から両親より三味線を仕込まれており、その演奏の技が尋常でなく巧い。

「猫と庄造と二人のをんな」（豊田四郎監督、一九五六年）、姑（浪花千栄子）に家を追い出されても、なんとか亭主（森繁久彌）の愛だけは取り返そうと努力する、健気な女房を巧演。「東京暮色」（小津安二郎監督、一九五七年）での、夫（笠智衆）と娘たちを捨てて男に走った自堕落な母親もまた最後の最後まで愚かさの巧演だった。打って変わって「暖簾」（川島雄三監督、一九五八年）での、勝ち気で働き者で商売を盛り立てていく女房も真演で、役の幅の広さを見せつけてくれた。前後するが、「ひろしま」（関川秀雄監督、一九五三年）における、ピカを受けた後の娘らを探す幽鬼のような母親の演技は、演技を越えて唸るほどの真演、いや神演と云ってもいいだろう。すさまじい母の狂うような愛情に満ち満ちていた。

最高作は何といっても「流れる」（成瀬巳喜男監督、一九五六年）、山田、田中絹代、高峰秀子の日本三大名女優の激突。そこに脇で杉村春子、岡田茉莉子まで絡んでくる。傾きかけた芸者置屋の女将、山田の強気、弱気、憂いの顔、芸の顔、三味を弾き清元を唄う。女優に必要なすべての演技力と芸事力がこの映画の中に凝縮されていた。

山田五十鈴

吉永小百合

一九四五年三月一三日生
（東京都渋谷区出身）

日本の「神聖帝国」である――筆者が小学校時代、母が日活（アクションと暴力）と大映（谷崎潤一郎物）、新東宝（三原葉子物）映画は観てはならぬときつい御達しで、ならばと隠れて観ていた。

日活は裕次郎物、小林旭物、赤木圭一郎物、吉永は二一歳で日活撮影所の壁にゴーカートで激突死した赤木主演作にまだ端役で出ていた。「拳銃無頼帖　電光石火の男」（野口博志監督、一九六〇年）では友達と笑いながら通りすぎていくだけで、台詞もなかったように覚えている。日活の女優陣は、浅丘ルリ子、北原三枝、芦川いづみ、笹森礼子が主力。その後に続く世代として、吉永、和泉雅子、松原智恵子、進千賀子、太田雅子（後の梶芽衣子）、皆さん青春物の当たり障りのない役をこなしていた。

「キューポラのある街」（浦山桐郎監督、一九六二年）で一気に吉永がその存在を世に示し、一団から抜け出す。この作品は浦山監督の監督昇進第一回作で、強く監督昇進を押した兄貴分の今村昌平監督が脚本からバックアップしている。鋳物の街、キューポラ（直立炉）の立ち並ぶ街川口を舞台に、主人公・ジュン（吉永）は降りかかる試練に負けず、貧しさ、飲んだくれの父親との確執、進学問題、民族問題、思春期の性にも穢れず、真っ直ぐに生きていく。筆者が中二の時の作品で、日本中の一〇代に生きていく希望を与えてくれた。吉永はこれまでのうっぷんを晴らすように、大巧演した。

翌年、ライバルの和泉雅子が「非行少女」（一九六三年）でその存在を示す。同じ浦山監督だった。和泉もまたこの作品で渾身の演技を見せた。つねに吉永の相手役は浜田光夫で、和泉の相手役は山内賢だったが、この時は和泉の相手役を浜田が演じた。少女の生き方の凄みでは、「非行少女」は「キューポラ」を凌駕していた。

再び吉永ここにありの演技力を見せるのは、「愛と死の記録」（蔵原惟繕監督、一九六六年）である。吉永最高峰の作品と云ってよい。相手役は浜田ではなく、渡哲也に代わっていた。原爆の町広島が舞台、松井和江（吉永小百合）と三原幸雄（渡哲也）が恋に落ちるのだが、楽しい日々は短く、渡は原爆病（放射能による再生不良性貧血）で夭折する。彼が亡くなった後、原爆ドームの下で天を睨む吉永の演技は真演から神演に近いものがあった。この時、女優に開眼したと推察する。

「青春の門」（浦山桐郎監督、一九七五年）で清純派から脱皮するのだが、筆者は今でもあの平吉役・小沢昭一との坑道での性的なシーンは不要だと思っている。「天国の駅」（出目昌伸監督、一九八四年）での夫殺し、戦後初の女性死刑囚小林カウ役も吉永には合わない。彼女に生臭いシーンは似合わないのだ。吉永は日本の「神聖帝国」なのである。

吉永小百合

渡哲也

一九四一年一二月二八日生
（島根県安来町出身、淡路島育ち）

トニーの後を埋めた男――筆者が小学校の頃、日活は石原裕次郎、小林旭、そしてトニーこと赤木圭一郎の時代だった。トニーがゴーカートでの不慮の事故で夭折、まだ成城大生の二一歳だった。

トニーが逝って三年後に入社してきたのが、渡だった。ライバルに高橋英樹がいたが、彼は「伊豆の踊子」（西河克己監督、原作・川端康成、一九六三年）などで文芸路線へ行っており、「拳銃無頼帖」的トニーの後を継ぐ感はなかった。

一九六六年、二人は同じ監督で勝負させられる。鈴木清順である。もともと鈴木は清太郎の名で映画を撮っており、「八時間の恐怖」（一九五七年）と云うバスジャック物の名作がある。高橋には「けんかえれじい」（脚本・新藤兼人、一九六六年）、渡には「東京流れ者」（脚本・川内康範、一九六六年）が当てられた。

どっちが日活らしく、トニーらしいか。当然、川内康範物こそが日活スタイルの本線である。「けんかえれじい」は旧制中学を舞台にした青春ケンカ三昧ノスタルジック映画、もちろん出来は秀逸である。「東京流れ者」は各地をロケしているが、どこか都会的で洗練されている。役名「不死身の哲」もイカシていた。キャバレーでの乱闘、ハジキの使い方もトニーを思わせた。歌は竹越ひろ子と、歌詞を違えて渡も唄い、♪泣いてくれるな夜の雨　男いのちは赤く散る♪（作詞、川口和子）と、両者ともにヒットした。唄うアクションスターとして、赤木の跡目になったように思った。

渡が真価を発揮したのは、「無頼」六本シリーズ（主に、小澤啓一監督、一九六八年より）、役名「人斬り五郎」である。特に第二作の「大幹部・無頼」が絶品。堪忍袋の緒を斬るまでは、東映任侠と似ているが、東映は女を大事にしない。独りよがりのナルシズムである。だから男の観客にうけるのだが、それに比べると日活は女をきちんと絡めて大切にする。フェミニズムに溢れている。

彼の最高作品は、「愛と死の記録」（蔵原惟繕監督、一九六六年）、主演が吉永小百合と渡、広島が舞台。青春の初々しい出会いと弾むような喜び。だが三原幸雄役の渡は二歳のころ被爆しており、原爆病を発症して死んでいく。蔵原監督は最も美しい頃の吉永と渡を悲愴に撮影しており、二人とも愛を成就できない絶望感を全身で巧演した。名作である。

渡哲也

あとがき

本書を書き始めたのは、特定秘密保護法が二〇一四年一二月に施行されてからです。戦後七〇年で、また再び大正の末期のような状況に日本が追い込まれてきました。

西日本新聞夕刊に、二〇一五年三月二〇日より掲載を始め、同年一二月四日まで三七本の連載でした。第一回目が「雲ながるる果てに」（家城巳代治監督）、最終の第三七回が「武器なき斗い」（山本薩夫監督）でした。

戦争は突然にはやってこない。徐々に徐々に国民を道に迷い込ませていく。国家権力はゆっくりと法を整え、濫觴《らんしょう》のような細い流れが、気が付けば大きなうねりとなり、もう後には引き返せないような濁流となる。

その悪しきプロセスは、戦中戦後に製作された映画を観れば、如実に分かります。油断していれば、あっという間にその巨大な流れに取り込まれ、もうどう足掻いても後戻りは無理になります。そうなってからでは遅いのです。そうなる前に、一人一人が平和への強い意識を持ち、反対していかなくてはなりません。

掲載三七本に、新たに五本を追加して四二本で完成させました。一本、テレビドラマが入っています。NHKの「大地の子」です。映画に優る出来栄えのドラマです。中国に置き去りにされた日本の子供たちの苦労がひしひしと伝わります。どんなことがあっても、どんな大義名分があっても戦争だけはしてはなりません。勝とうが負けようが、その犠牲は甚大です。そしていつも弱い者が塗炭の苦しみに合うのです。もうこりごりです。太平洋戦争だけでも、わずか三年九ヵ月で三〇〇余万の人々が亡くなりました。敗戦後、生き残った人々も地獄の日々でした。掲げた作品はすべて反戦映画です。今、再び観なおすべき時期に入っていると考えます。

掲載時、西日本新聞文化部吉田昭一郎氏には非常なお力添えを頂きました。また掲載後からすぐに、本にしたいと、一年八ヵ月、二週に一度、私のオフィスに通い叱咤激励して頂きました弦書房の小野静男代表、ご両所に衷心より御礼申し上げます。

著者敬白

二〇一七年十一月

〈参考文献〉

『日本映画監督全集』（キネマ旬報社）
『シネマクラブ邦画篇』（ぴあ株式会社）
『日本映画人名事典』女優篇・男優篇（キネマ旬報社）

〈著者略歴〉

矢野寛治（やの・かんじ）
一九四八年（昭和二三年）、大分県中津市生まれ。成蹊大学経済学部卒。博報堂OB、元福岡コピーライターズクラブ理事長。西日本短期大学非常勤講師。西日本新聞を中心に、エッセイやコラム、映画評や書評を連載。RKB「今日感テレビ」コメンテーター。RKBラヂオ「週刊ぐらんざ」パーソナリティ。月刊「ぐらんざ」に、「ハットをかざして」を連載中。
著書『ふつうのコピーライター』（共著、宣伝会議社）『なりきり映画考』（書肆侃侃房）、『団塊少年』（筆名・中洲次郎、書肆侃侃房）近著『伊藤野枝と代準介』（弦書房）は、二〇一四年度地方出版文化功労賞・奨励賞を受賞。
福岡市在住。

反戦映画からの声
——あの時代に戻らないために

二〇一七年十二月三十日発行

著者 矢野寛治
発行者 小野静男
発行所 株式会社 弦書房
〒810-0041
福岡市中央区大名二—二—四三
ELK大名ビル三〇一
電話 〇九二・七二六・九八八五
FAX 〇九二・七二六・九八八六

印刷・製本 シナノ書籍印刷株式会社

ISBN978-4-86329-162-1 C0021